水利部老年大学
教学大纲

张欣　吉梦喆　吴楠　著

中国水利水电出版社
www.waterpub.com.cn

·北京·

内 容 提 要

　　为巩固提升办学管理成效，探索发现老年教育发展规律，示范引领水利系统老年教育高质量发展，水利部老年大学组织编写了本书。教材根据水利部老年大学的教学实际编写而成，全书共分五个部分：书法绘画类、文艺表演类、器乐演奏类、生活艺术类和营养保健类。

　　本书既可作为老年大学教学活动的纲要和规划，又可为学员了解课程、按需选课提供参考，也可为其他老年大学的课程设置提供思路。

图书在版编目（CIP）数据

水利部老年大学教学大纲 ／ 张欣，吉梦喆，吴楠著.
北京 ： 中国水利水电出版社，2024. 11. -- ISBN 978-7-
5226-2944-5

　　Ⅰ. G777-41

中国国家版本馆CIP数据核字第2024DN7489号

书　　名	水利部老年大学教学大纲 SHUILIBU LAONIAN DAXUE JIAOXUE DAGANG
作　　者	张 欣 吉梦喆 吴 楠 著
出版发行	中国水利水电出版社 （北京市海淀区玉渊潭南路 1 号 D 座　100038） 网址：www. waterpub. com. cn E - mail：sales@mwr. gov. cn 电话：（010）68545888（营销中心）
经　　售	北京科水图书销售有限公司 电话：（010）68545874、63202643 全国各地新华书店和相关出版物销售网点
排　　版	中国水利水电出版社微机排版中心
印　　刷	清淞永业（天津）印刷有限公司
规　　格	184mm×260mm　16 开本　12.75 印张　310 千字
版　　次	2024 年 11 月第 1 版　2024 年 11 月第 1 次印刷
印　　数	0001—1000 册
定　　价	**88.00 元**

《水利部老年大学教学大纲》
编 辑 委 员 会

前　言

　　教学大纲是指导教学工作、规范教学行为的纲领性文件，是组织教学、选编教材的重要依据，为考核评价教学质量和教学管理提供遵循。老年教育作为终身教育的重要一环，编制和完善老年大学的教学大纲，对于进一步规范学校教学管理工作，提高教学质量和水平具有重要的指导意义。

　　水利部老年大学自 2007 年建校以来，始终坚持以教学为中心，以学员为根本，以发展为导向，积极研究探索老年教育发展规律，不断丰富教学内容、创新教学方式、加强教学管理、推进资源共享，现已发展成为一所拥有 50 余门专业课程、100 余个教学班次、8000 余名注册学员的综合性老年大学，并荣获"全国示范老年大学"称号。为适应学校多形式办学、多专业发展、多层次开班的办学格局需要，使教学内容更具系统性、教学设计更具连贯性、教学进度更具可控性，实现教学活动的体系化、标准化，2022 年 2 月，校办公室启动教学大纲编撰工作。《水利部老年大学教学大纲》共分为书法绘画、文艺表演、器乐演奏、生活艺术、营养保健五个类别 49 个专业课程，基本涵盖了学校目前开设的所有课程。在编写过程中，编写组成员和骨干教师根据多年的老年教育教学实践经验，统一以课程信息、教学目的、教学原则与方法、教学内容、课程考核评价、教材与参考资料为编写体例，突出以基本理论和基本技法为主、普及与提高相兼容的编写模式，纲举目张、要素齐全，层次分明、循序渐进，力求符合老年人身心特点和实际教学需求，经反复修改和认真细致审核，历时两年最终编写完成并正式出版。

深耕细作才能厚植土壤，根基深厚方能砥砺前行。《水利部老年大学教学大纲》的出版对巩固提升办学管理成效、探索发现老年教育发展规律、示范引领水利系统老年教育高质量发展将大有裨益。今后，学校将继续围绕国家积极应对人口老龄化国家战略的工作部署，聚焦老年大学开放融合共享发展的时代要求，把积极老龄观、健康老龄化理念贯穿办学全过程，为提高老同志幸福指数，把学校办成老同志学习的乐园、快乐的沃土、精神的依托作出新的更大贡献。

最后，向所有关心支持大纲的制定和付出辛勤劳动的领导、教师和工作人员表示衷心的感谢！初次编写，如有错漏，敬请各位领导、专家和同仁批评指正，不胜感激！

水利部老年大学教学大纲编委会

2024 年 4 月

目　录

书法

绘画类

楷　　书

一、 课程信息

（一） 课程简介

楷书，又称真书、正书，创始于汉末魏初，盛行于魏晋南北朝，是由汉代隶书逐渐演变而来的一种书体，通常意义上的楷书主要是指魏碑及唐楷两大体系。楷书的笔法丰富、起收分明、横平竖直、平中寓奇、最具规范性，因与现行汉字有着极大的相似性，而备受老年书法爱好者喜爱。楷书是学习书法的基础，在我国的书法艺术中占有重要的地位，在培养书写者规矩的养成上有一定的优势，是进入书法艺术殿堂的必由之路。本课程通过教授基本理论、讲解技法要领，培养老年学员楷书的审美能力和书写能力，怡情养性、促进身心健康。

（二） 学制与学时

学制 3 年，6 个学期，每学期 16 周，每周 1 次课，每课 2 学时，共 192 学时。

（三） 课程对象

身体健康、具有一定的文化知识、爱好书法的离退休人员。

二、 教学目的

通过本课程的学习，学员能够了解楷书的基础知识和历史演进过程，以及不同时期的楷书代表书法家及其作品的特点。学习楷书的用笔方法（起笔、行笔、收笔）、（中锋、侧锋、偏锋、藏锋、露锋）、运笔方法（横法、竖法、撇法、点法、提法、折法、勾法等）、结构规律（横平竖直、上紧下松、上宽下窄）等，临摹相关字帖，扎实地掌握用笔的基本功，掌握楷书技法和创作要领，培养锻炼老同志的书写能力和体、脑协调性，拓展对楷书寓动于静、平中求险的审美特征的认识，具有一定的书法赏析能力，达到修身养性、陶冶情操、开阔视野、延年益寿、提高艺术修养的目的。

三、教学原则与方法

　　根据老年学员的身心特点，运用讲解法、直观演示法、师生互动法、观摩示范法、练习法等教学方法进行教学。重视培养学员读帖、临帖的学习理念，加深对所学碑帖的点画特点及结构方法的认识，侧重笔法练习，学会通过点画组合书写重心平稳、疏密合理、比例适当、具有结构美的楷体字，提高学员的实际书写能力。强化学员的课堂主体作用，进行作业作品互评和教师点评，经常举办小型课堂书法展览会，满足学员展示交流作品的需求。

四、教学内容

第一学期（32 课时）

1. 介绍楷书的特点、源流演变；
2. 介绍唐代楷书代表人物及其代表作品的特点；
3. 介绍赵孟頫楷书的特点；
4. 讲授赵孟頫《三门记》基本笔画；
5. 作业点评。

第二学期（32 课时）

1. 介绍赵孟頫不同时期的楷书作品；
2. 赵体楷书的间架结构九十二法学习；
3. 《三门记》《妙严寺记》临摹；
4. 作业点评。

第三学期（32 课时）

1. 赵体楷书的间架结构九十二法学习；
2. 赵体楷书偏旁部首练习；
3. 《三门记》《妙严寺记》临摹；
4. 作业点评。

第四学期（32 课时）

1. 赵体楷书的间架结构九十二法学习；
2. 赵体楷书偏旁部首练习；
3. 《妙严寺记》《胆巴碑》临摹；
4. 赵体楷书集字成语创作练习；
5. 作业点评。

第五学期（32 课时）

1. 赵体楷书的间架结构九十二法学习；

2. 赵体楷书偏旁部首练习；

3. 《妙严寺记》《胆巴碑》临摹；

4. 赵体楷书集字联句创作练习；

5. 赵体楷书的背临与意临；

6. 作业点评。

第六学期（32 课时）

1. 赵体楷书的间架结构九十二法学习；

2. 赵体楷书偏旁部首练习；

3. 《妙严寺记》《胆巴碑》临摹；

4. 赵体楷书集字诗词创作练习；

5. 章法、题款、钤印在书法创作中的重要作用；

6. 作业点评。

注：任课教师会依据教学进度对每学期授课内容进行调整。

五、 课程考核评价

在上课期间，通过课后布置作业、课前点评作业等方式进行日常考评；学期结束后，通过结业作品交流展示，对学习情况进行综合评价与考核；鼓励学员参加校内外书画作品展，合格后由学校统一发放结业证书。

六、 教材与参考资料

1. 《中学生字帖（赵体）楷书》，上海书画出版社，1995 年版。

2. 《赵体楷书间架结构九十二法字帖》，中国书店出版社，1994 年版。

3. 《赵孟頫 玄妙观重修三门记 妙严寺记》，陈钝之主编，中国书店出版社，2017 年版。

行　书

一、课程信息

（一）课程简介

　　行书始于东汉，在东晋时期成熟，是介于楷书、草书之间的一种书体。古人说它"非真非草"，既具有楷书的端庄稳重，又具有草书的流动潇洒；既有易认易识、便于交流的广泛实用性，又有高度的艺术特质，楷书、草书的优点兼备，多被文人画家用以明志，因而深受老年学员喜爱。本课程通过解读经典、选帖临帖，理论与实践相结合，以通俗易懂的方式，教授行书的笔法技巧、空间结构组合，让老年学员在品味行书书法艺术的神韵中，扩大视野、提高鉴识力，获得无限美的享受。

（二）学制与学时

　　学制 3 年，6 个学期，每学期 16 周，每周 1 次课，每课 2 学时，共 192 学时。

（三）课程对象

　　身体健康、具有一定的文化知识、爱好书法的离退休人员。

二、教学目的

　　通过本课程的学习，学员能够了解行书体的基础知识，进行笔法训练，重点掌握点画用笔方法，学会运用提按顿挫、方圆转折、疾徐有度、中侧互用、畅涩相间等书写技巧，领悟行书空间组合的特点，学会结体与空间分布，书写出重心稳定、端庄美观的行书体字；提高学员的鉴赏能力和独立创作能力，积极参与各级各类书画文化交流展示活动，具备临场书写创作能力，达到提高艺术修养、陶冶情操、愉悦身心、传承传统文化的目的。

三、教学原则与方法

　　根据老年学员的身心特点，运用讲解法、直观演示法、师生互动法、观摩示范法、练习法等教学方法进行教学。强化审美引导，重点引导学员对不同书体的作品进行比较认知和欣赏，由浅入深、由表及里，逐渐揭示不同书体的艺术特征。重视技法教学，解析与演示相结合，使学员深刻领会其复杂、连贯的笔法动作，加强笔画笔法、腕法及字形结构的练习和运用，要求学员以范字为临摹对象反复练习，做到要领正确、动作到位，逐渐达到娴熟的程度。

四、 教学内容

第一学期（32 学时）

1. 介绍行书的定义、特征以及行书的发展形成；
2. 介绍魏晋行书对后世的影响；
3. 《兰亭序》原文诵读及讲解；
4. 讲授行书各种线条的训练方法；
5. 讲授《兰亭序》的基本笔画。

第二学期（32 学时）

1. 古代行书名作欣赏；
2. 《兰亭序》偏旁部首练习；
3. 《兰亭序》临摹；
4. 《兰亭序》集字创作练习。

第三学期（32 学时）

1. 介绍宋代行书艺术特点；
2. 介绍米芾行书对后世的影响；
3. 《苕溪诗帖》原文诵读及讲解；
4. 讲授米芾行书各种线条的训练方法；
5. 讲授《苕溪诗帖》的基本笔画。

第四学期（32 学时）

1. 近现代行书名作欣赏；
2. 《苕溪诗帖》偏旁部首练习；
3. 《苕溪诗帖》间架结构及布势；
4. 《苕溪诗帖》临摹；
5. 《苕溪诗帖》集字创作练习。

第五学期（32 学时）

1. 介绍《怀仁集王羲之圣教序》的艺术特点；

2. 介绍《怀仁集王羲之圣教序》对后世的影响；

3. 《怀仁集王羲之圣教序》原文诵读及讲解；

4. 讲授《怀仁集王羲之圣教序》的基本笔画。

第六学期（32 学时）

1. 当代行书名家名作欣赏；

2. 《圣教序》偏旁部首练习；

3. 《圣教序》临摹；

4. 《圣教序》集字创作练习。

注：任课教师会依据教学进度对每学期授课内容进行调整。

五、 课程考核与评价

在上课期间，通过课后布置作业、课前点评作业等方式进行日常考评；学期结束后，通过结业作品交流展示，对学习情况进行综合评价与考核；鼓励学员参加校内外书画作品展，合格后由学校统一发放结业证书。

六、 教材与参考资料

1. 《王羲之兰亭序》，湖北美术出版社，墨点系列字帖，2014 年版。

2. 《米芾苕溪诗帖》，湖北美术出版社，墨点系列字帖，2019 年版。

3. 《怀仁集王羲之圣教序》，湖北美术出版社，墨点系列字帖，2016 年版。

隶　书

一、课程信息

（一）　课程简介

　　隶书是由篆书演变而来的一种书体，既是篆书的快写，又是楷书、行书、草书的源头。早期的隶书（如秦隶）保留了大量的篆书字法或结构，经西汉的演变，篆书因素逐渐变弱，在东汉时期，隶书字法已经基本定型，其字形结构简化，书写方式简捷，更好地适应了社会需求，在书法史上是一次重大的改革。隶书的笔法、结字、章法相对其他书体更严谨、简易，本课程通过讲授书写技能、临习经典碑帖，使老年学员容易走进书法的世界，提升书法欣赏水平，愉悦身心，陶冶性情。

（二）　学制与学时

　　学制 3 年，6 个学期，每学期 16 周，每周 1 次课，每课 2 学时，共 192 学时。

（三）　课程对象

　　身体健康、具有一定的文化知识、爱好书法的离退休人员。

二、教学目的

　　通过本课程的学习，学员能够了解隶书笔法、结体与章法的特点，重点掌握隶书的笔画、结体与章法及其书写技能。通过对经典碑帖、名家名作的临习，能够创作出隶书作品。培养对隶书的书写兴趣和鉴赏能力，提高书写和欣赏水平，为继续学习和创作奠定基础，提升对书法文化的理解能力，达到增长知识、促进健康的目的。

三、教学原则与方法

　　根据老年学员的身心特点，遵循循序渐进、由浅入深的原则，运用临摹法、集字法、示范法等方法进行教学。注重将理论知识与书写技巧相结合，强化原理教学，使学员掌握隶书的书写规律，提高学习质量；注重将讲授与练习相结合，精讲多练，提高学员对书法兴趣和实际书写能力；注重将示范书写和作业讲评相结合，突出重点难点，及时解决出现的书写问题；注重将碑帖临摹与书法创作相结合，提高文学修养，提升创作及鉴赏水平。

四、教学内容

第一学期（32 学时）

1. 介绍隶书的特征以及发展过程；
2. 介绍汉隶对字体演变的影响；
3. 《曹全碑》原文诵读及讲解；
4. 讲授隶书各种线条的训练方法；
5. 讲授《曹全碑》的基本笔画。

第二学期（32 学时）

1. 汉隶名碑欣赏；
2. 《曹全碑》偏旁部首练习；
3. 《曹全碑》间架结构及布势；
4. 《曹全碑》临摹；
5. 《曹全碑》集字创作练习。

第三学期（32 学时）

1. 介绍《张迁碑》隶书的艺术特点；
2. 介绍《张迁碑》对后世的影响；
3. 《张迁碑》原文诵读及讲解；
4. 讲授《张迁碑》的基本笔画。

第四学期（32 学时）

1. 近现代隶书名作欣赏；
2. 《张迁碑》偏旁部首练习；
3. 《张迁碑》间架结构及布势；
4. 《张迁碑》临摹；
5. 《张迁碑》集字创作练习。

第五学期（32 学时）

1. 介绍《乙瑛碑》的艺术特点；

2. 介绍《乙瑛碑》对后世的影响；

3.《乙瑛碑》原文诵读及讲解；

4. 讲授《乙瑛碑》的基本笔画。

第六学期（32 学时）

1. 当代隶书名家名作欣赏；

2.《乙瑛碑》偏旁部首练习；

3.《乙瑛碑》间架结构及布势；

4.《乙瑛碑》临摹；

5.《乙瑛碑》集字创作练习。

注：任课教师会依据教学进度对每学期授课内容进行调整。

五、 课程考核评价

在上课期间，通过课后布置作业、课前点评作业等方式进行日常考评；学期结束后，通过结业作品交流展示，对学习情况进行综合评价与考核；鼓励学员参加校内外书画作品展，合格后由学校统一发放结业证书。

六、 教材与参考资料

1.《隶书》，中央国家机关老年大学教材丛书，何大齐著，2013 年版。

2.《曹全碑》，湖北美术出版社，墨点系列字帖，2016 年版。

3.《张迁碑》，湖北美术出版社，墨点系列字帖，2014 年版。

4.《乙瑛碑》，湖北美术出版社，墨点系列字帖，2017 年版。

草　书

一、课程信息

（一）课程简介

草书是汉字的一种字体，在隶书的基础上演变而来，与其他书体比较而言，其特点是结构简省、笔画连绵、书写简便，具有抽象的线条之美，是最能体现中国书法艺术特征的书体之一，深受老年学员的喜爱。本课程的主要教学内容包括草书书法的理论知识，草书结构、笔法、章法、草书符号，以及草书艺术作品欣赏等。通过学习，最终达到有益身心健康、陶冶情操、提高自身文化素养、传承中国传统艺术文化的目的。

（二）学制与学时

学制 2 年，4 个学期，每学期 16 周，每周 1 次课，每课 2 学时，共 128 学时。

（三）课程对象

身体健康、具备一定书法基础的离退休人员。

二、教学目的

通过本课程的学习，学员能够了解草书的性质、特点。本课程旨在培养学员对草书书法艺术的审美和书写能力，增强学员笔法的锤炼、毛笔的掌控能力，加强学员对草书艺术章法布局的理解，帮助学员建立学习自信心，增强草书鉴赏能力，为深入学习书法其他书体奠定扎实的基础，在修身养性的同时，促进老同志身心健康，长寿延年。

三、教学原则与方法

根据老年学员的身心特点，遵循循序渐进、由浅入深的原则，将讲授法、演示法相结合，理论知识与书写技巧相结合，利用多媒体等现代的教学工具，进行课堂教学。草书字形简约概括，抽象性强，初识不易掌握，针对这一教学重点、难点，通过教授草书的歌诀等方法，增加对草书进行文字学角度解析，帮助学员识别草书字形，掌握草书结字规律；在具体的笔法训练中，精讲多练，强化课内外练习，教师因材施教指导学习；在草书的鉴赏环节，通过对不同类型草书作品的分析与鉴赏，丰富学员对草书的认识，深入体会书法艺术的抽象之美；重视作业点评环节，提倡以鼓励教学为主，适时指出学员不足之处，提高学员实际的书写能力和对书法的兴趣。

四、 教学内容

第一学期（32 学时）

1. 草书的形成与发展；
2. 《十七帖》的书写技法；
3. 草书点画技法分析；
4. 草书的结构。

第二学期（32 学时）

1. 草书结构分析方法；
2. 草书章法；
3. 草书的款式。

第三学期（32 学时）

1. 草书符号一符多用（代表符号）；
2. 草书符号一符多形（部首异形符号）；
3. 形似字；
4. 补笔符号；
5. 部首异位符号变异。

第四学期（32 学时）

1. 孙过庭《书谱》在中国书法艺术史上的地位；
2. 孙过庭《书谱》用笔的规律；
3. 孙过庭《书谱》结体与章法变化的规律；
4. 按照孙过庭《书谱》的风格进行创作。

注：任课教师会依据教学进度对每学期授课内容进行调整。

五、 课程考核与评价

在上课期间，通过课后布置作业、课前点评作业等方式进行日常考评；学期结束后，通过结业作品交流展示，对学习情况进行综合评价与考核；鼓励学员参加校内外书画作品展，合格后由学校统一发放结业证书。

六、 教材与参考资料

1. 《怎样写草书》，何大齐著，中国水利水电出版社，2007 年版。
2. 《草书写法》，邓散木著，人民美术出版社，2016 年版。
3. 《晋王羲之十七帖》，上海辞书出版社，2015 年版。
4. 《孙过庭书谱》，西泠印社出版社，2004 年版。

写 意 山 水

一、课程信息

(一) 课程简介

　　写意山水画是中国画的表现形式之一，有数千年的文化历史，在艺术内涵上以强调实现画家的情绪意趣和客观事物间主客体统一为主旨，不追求形态的逼真，还原表现大自然本色，以率真恢宏的整体气势、粗犷豪放的笔墨情调，以形写神的不似之似、缘物寄情的深邃意境，体现中华民族文化的艺术特色，引发老年学员朴素的审美感受和发自内心的共鸣热爱。本课程通过教授山水画的艺术风格、表现技法、绘画理念等知识，从临摹入手，让老年学员掌握运用山水画的笔墨、线条、构图等基本语言和表现方法，领会山水画的精神和意境，融入自身情感去表现和描画对象，提高专业修养及审美素养，愉悦身心，陶冶性情，成为中华优秀传统文化的传播者。

(二) 学制与学时

　　本课程按基础班和研修班设置。

　　基础班：学制 3 年，6 个学期，每学期 16 周，每周 1 次课，每课 2 学时，共 192学时。

　　研修班：学制 1 年，2 个学期，每学期 16 周，每周 1 次课，每课 2 学时，共 64 学时。

(三) 课程对象

　　身体健康、爱好写意山水画的离退休人员。

二、教学目的

　　通过本课程的学习，学员能够了解山水画的艺术特点和发展史，掌握山水画的笔墨技法和构图法则，赏析研练典型画家作品。通过临摹进行用笔、用墨、用水方法的综合训练，掌握传统山水画树木、山石、云、水、景的表现方法，学会写生并熟知山水画的章法安排和笔墨关系，充分发挥老年学员的个性特点，启发学员进行山水画创作，体会山水画的艺术语言和思想内涵，丰富老年人的精神生活，促进身心健康，做到老有所乐、老有所为。

三、 教学原则与方法

　　根据老年学员的身心特点，运用讲解法、直观演示法、师生互动法、观摩示范法、练习法等方法进行教学。加强笔墨训练，重点讲解、示范各式皴法和积墨、染墨的表现过程，各个突破，反复练习，学会用笔用墨的程式与技法，为山水画创作打好基础。重视临摹和写生的作用，注重师生协同原则，教师发挥自身作用，引导学生了解山水画的发展历史，汲取和借鉴历代各派有代表性的名家作品的笔墨技巧、程式法则，学会意临、变临两种临摹方法，同时充分调动学员的积极性和主动性，反复体会画家作画时的感触以及表现方法，做到"临意而不临痕"，引导学员热爱生活、体验生活，收集创作素材，在写生和创作实践中不断提高概括能力和表现能力。突破山水画教学难点，引导学员建立以主观感情为主体的表现方法，通过分析、欣赏传统和现代佳作提高学员的艺术境界，加强画外功夫，增加学识与修养，积累感悟与认识。

四、 教学内容

（一） 基础班

第一学期（32 学时）

　　1. 学习树法、点叶法、双勾法；
　　2. 学习鹿角画法、蟹爪画法、远树画法；
　　3. 学习松、柏、柳、梧桐、梅、竹、芭蕉等特定树种画法与各种树的组合。

第二学期（32 学时）

　　1. 重点学习山石画法及步骤（石分三面）；
　　2. 重点掌握山石的各种皴法及勾、皴、擦、染、点等专业技法；
　　3. 学习山水画中的六法论。

第三学期（32 学时）

　　1. 系统学习山石的点、皴、线皴、面皴；
　　2. 掌握山水画构图变化和"三远"的表现方法，深入学习理解山水画的散点、透视等理论及骨法用笔；
　　3. 系统学习云水、瀑布画法，点景法及建筑、舟等。

第四学期（32 学时）

　　1. 系统学习山水画设色，掌握浅绛法、青绿法等设色的基本方法；

2. 学习传统山水画种典型画家的作品，进行解析与艺术风格分析；

3. 临摹历代名家作品及现代各大家的作品。

第五学期（32 学时）

1. 系统学习构图格式等基础知识；

2. 在有条件的情况下进行室外写生，期末创作山水画小品参加展评。

第六学期（32 学时）

1. 毕业创作选题；

2. 表现手法分析；

3. 起稿到定稿；

4. 集体赏析，发现和纠正创作中的问题；

5. 最后完成创作稿。

教学提示：毕业创作是必不可少的教程，既要帮助学员完成从选题到成稿的创作过程，又要让学员在反复分析修改的同时提升笔墨技法，还要让学员在审美感受力上更上一个台阶，最终创作出能反映学员实际绘画水平的 1～2 幅山水作品。

（二）　研修班

第一学期（32 学时）

1. 以春树为主题进行春景山水画创作；

2. 以夏树为主题进行夏景山水画创作；

3. 以秋树为主题进行秋景山水画创作；

4. 以冬树为主题进行冬景山水画创作。

教学提示：本学期以树为主进行四季景色、山水创作，进一步加强树法练习。方法上可结合名作参考、讨论作业等形式，提高学员对不同季节树木特点的把握和季节山水的表现能力。

第二学期（32 学时）

1. 高远法山水画创作；

2. 深远法山水画创作；

3. 平远法山水画创作；

4. 学习研讨黄宾虹的浅绛山水画的积墨法；

5. 系统学习和赏析石涛山水画：

（1）临摹关仝《秋山晚翠图》；

（2）临摹巨然《山居图》；

（3）临摹郭熙《早春图》；

（4）临摹范宽《溪山行旅图》；

（5）临摹黄公望《富春山居图》；

（6）临摹吴镇《洞庭渔隐图》；

（7）临摹黄公望《水阁清幽图》；

（8）临摹王蒙《春山读书图》；

（9）临摹马远《踏歌图》；

（10）临摹唐寅《山路松声图》。

注：任课教师会依据教学进度对每学期授课内容进行调整。

五、 课程考核评价

在上课期间，通过课后布置作业，课前点评作业等方式进行日常考评；学期结束后，通过结业作品交流展示，对学习情况进行综合评价与考核；鼓励学员参加校内外书画作品展，合格后由学校统一发放结业证书。

六、 教材与参考资料

1.《芥子园画传实用教材（山水）》，刘松岩著，人民美术出版社，2005 年版。

2.《老年大学中国画教材》，金陵老年大学中国画教研组编，江苏美术出版社，1988 年版。

3.《马骀画宝（山水篇）》，马骀著，安徽美术出版社，2016 年版。

4. 任课教师自编讲义。

写 意 花 鸟

一、 课程信息

(一) 课程简介

写意花鸟画是中国画的表现形式之一，有着深厚的文化内涵。它技法丰富、气韵生动、形式风格多样，不仅表现出自然界生物与艺术审美之间的互动关系，还彰显着中华民族鲜明的审美精神与理想境界，在中国画坛写下了浓重的一笔，是深受老年学员喜爱的一门绘画类专业课程。本课程通过教授花鸟画的艺术风格、表现技法、绘画理念等知识，了解写意花鸟画的历史脉络变迁、代表画家，掌握构思构图、用笔用墨用色技巧、细节刻画方法等绘画基本功，丰富老年学员的精神文化生活、情感世界，提高艺术修养、品位，促进身心健康。

(二) 学制与学时

本课程按初级班、提高班和研修班设置。

初级班：学制 2 年，4 个学期，每学期 16 周，每周 1 次课，每课 2 学时，共 128 学时。

提高班：学制 2 年，4 个学期，每学期 16 周，每周 1 次课，每课 2 学时，共 128 学时。

研修班：学制 1 年，2 个学期，每学期 16 周，每周 1 次课，每课 2 学时，共 64 学时。

(三) 课程对象

身体健康、爱好写意花鸟画的离退休人员。

二、 教学目的

通过初级班的学习，学员能够了解写意花鸟画的要素特征，明确国画在世界美术中的地位，掌握笔、墨、色运用和调配方法，学习花木鸟类多种临摹画法，具备初步造型能力，掌握构图的一般规律，包括开合、疏密、聚散等，可运用所学进行花鸟单幅作品创

19

作，为进一步提高打下良好的基础。

通过提高班的学习，使学员能够观察、理解、感悟事物的物理、物性、物情，充分认识其本质特征、特性以及结构等，学会中国写意画笔墨造型的技巧和表现，对写意花鸟画的章法布局（即构图）有所感知与认识；同时通过临摹、赏析、研习以及借鉴古今大师、名家经典与技法表现，结合"外师造化，中得心源"的写生与创作理念，在基础花卉、禽鸟、虫鱼、小动物等绘画语言上的表现得以提升，为后续进一步提高写意花鸟画创作能力打下坚实的基础。

通过研修班的学习，使学员可以运用新技法、新理念和多种表现形式，开展"专题性"创作，对中国写意花鸟画的笔墨造型，笔墨结构，笔墨意韵、情调，笔墨写意精神以及"澄怀味象""传情达意""借物抒情"等中国画创作旨要，有充分而深刻的感悟和体验，达到开阔视野、掌握技艺、提高修养、陶冶情操的目的，在继承中华传统文化花鸟画的基础上，秉持"笔墨当随时代"的创新理念，为弘扬中国画的"写意精神"做出努力。

三、 教学原则与方法

根据老年学员的身心特点，运用讲解法、直观演示法、师生互动法、观摩示范法、练习法等方法进行教学。重点进行花鸟画基础技法的讲授，在教学上可通过利用多媒体课件对绘画技法的步骤进行详解，突出重点，分解难点。技法教学过程应遵循一定的程序，由浅入深、由表及里，先学会运用工具，掌握正确的执笔方法和简单的笔触，体验水、墨、纸三者相互融合产生的效果，再让学员认识"墨分五色"，即焦、浓、重、淡、清，以体会绘画过程中笔墨变化的乐趣。知识性与趣味性相结合，培养学员的观察能力，教师可通过户外写生等方式，调动学员的创作热情，启发学员的想象，引导学员大胆地用墨用色。重视作业展示和讲评，学员互相学习，共同进步，进一步提高欣赏水平和鉴赏能力。

四、 教学内容

（一） 初级班

第一学期（32 学时）

1. 认识了解中国画：中国画的基本特点及与西画的区别，中国画的四大基本要素特征，中国写意花鸟画的发展历史及其代表人物；

2. 菊花的画法与不同表现法：菊花头的不同形态与表现方法（平头、圆头菊花、双勾、没骨表现），菊花的枝叶画法及整体表现，双勾法菊花配小鸟，没骨法菊花配小鸟；

3. 水仙的画法配小鸟、山雀；

4. 荔枝的画法配小鸡；

5. 雁来红的画法配蝴蝶；

6. 枇杷果的画法配麻雀。

第二学期（32 学时）

1. 迎春花的画法配禽鸟；
2. 梅花的基础画法（配鸟雀）：梅花的枝干及交叉画法与花的没骨画法，没骨红梅的整体画法配鸟雀，白梅（圈勾法）的画法配禽鸟；
3. 桃花的画法配燕子；
4. 春兰与蕙兰的画法配蝶或鸟：春兰的画法、蕙兰的画法及不同表现法。

第三学期（32 学时）

1. 藤萝花的画法配禽鸟；
2. 山茶花的画法配禽鸟；
3. 牡丹的画法配鸟、蜂、蝶：牡丹花的结构及枝叶画法，红牡丹的画法，墨牡丹的画法；
4. 墨竹的画法配禽鸟：竹子的基础画法，干（节）、枝、叶分解画法。

第四学期（32 学时）

1. 梅花的画法配禽鸟；
2. 玉兰花的画法配禽鸟；
3. 石榴的画法配禽鸟；
4. 柿子的画法配禽鸟；
5. 枇杷果的画法配禽鸟；
6. 大寿桃的画法配禽鸟。

（二）提高班

第一学期（32 学时）

1. 八哥的画法及配景花卉；
2. 喜鹊的画法及配景花卉；
3. 绶带鸟的画法及配景花卉；
4. 雄鸡的画法及配景花卉；
5. 锦鸡的画法及配景花卉；
6. 鸳鸯的画法及配景花卉；
7. 仙鹤的画法及配景花卉。

第二学期（32 学时）

1. 鳜鱼的画法配桃花、荷花、芙蓉；
2. 鲤鱼的画法配藤萝、芭蕉、牡丹；

3. 金鱼的画法配玉兰、竹子、水仙；

4. 虾的画法配荷花、芙蓉；

5. 蟹的画法配芦苇、菊花；

6. 青蛙的画法配荷花、稻谷。

第三学期（32 学时）

1. 小老鼠的动态画法及配景：葡萄、石榴、玉米；

2. 小松鼠的动态画法及配景：松果树、枇杷果树、竹子；

3. 小兔子的动态画法及配景：丝瓜、荔枝、芭蕉；

4. 猫的动态画法及配景：水仙、梅花、牡丹、蜂、蝶、紫藤、菊花；

5. 熊猫的动态画法及配景：墨竹、双勾竹。

第四学期（32 学时）

1. 条幅创作：竖式画法；

2. 条幅创作：横式画法；

3. "君子" 四条屏创作：梅花、兰花、竹子、菊花新表现；

4. "春华" 四条屏创作：牡丹、玉兰、藤萝、桃花新表现；

5. "秋实" 四条屏创作：石榴、葡萄、柿子、丝瓜新表现。

（三） 研修班

第一学期（32 学时）

1. 梅花长卷（552cm×34cm；四尺长条）：白、红、墨、绿梅；

2. 兰花长卷（552cm×34cm；四尺长条）：春、蕙、建、墨兰；

3. 竹子长卷（552cm×34cm；四尺长条）：墨、朱、风、雨竹；

4. 菊花长卷（552cm×34cm；四尺长条）：白、黄、红、橙菊。

第二学期（32 学时）

1. 春之花卉长卷（552cm×34cm；四尺长条）；

2. 夏之花卉长卷（552cm×34cm；四尺长条）；

3. 秋之花卉长卷（552cm×34cm；四尺长条）；

4. 冬之花卉长卷（552cm×34cm；四尺长条）。

注：任课教师会依据教学进度对每学期授课内容进行调整。

五、 课程考核评价

在上课期间，通过课后布置作业，课前点评作业等方式进行日常考评；学期结束后，通过结业作品交流展示，对学习情况进行综合评价与考核；鼓励学员参加校内外书画作品展，合格后由学校统一发放结业证书。

六、 教材与参考资料

1. 《芥子园画传》全四册，人民美术出版社，2017 年版。
2. 《中国古代画论类编》（上、下集），俞剑华编著，人民美术出版社，2014 年版。
3. 《听天阁画谈随笔》，潘天寿著，浙江人民美术出版社，2021 年版。
4. 《潘天寿论画笔录》，叶尚青编著，浙江人民美术出版社，2013 年版。
5. 《孙其峰讲书画》（画理篇、课徒稿 2 集），孙其峰著，天津古籍出版社，2020 年版。
6. 任课教师自编讲义。

写 意 人 物

一、 课程信息

（一） 课程简介

写意人物画是中国画的表现形式之一，在国画教学中占有重要地位，其造型、笔墨、线条、色彩有着独特的文化意蕴，是中国画教学的重点和难点部分。本课程通过对中国传统写意人物发展史的讲解，以及临摹、创作等各环节教学，引领老年学员更多地了解中国写意人物画，准确把握人体的特征，五官、手、脚、身体结构、比例结构、造型结构等，培养学员掌握写意人物画的技法，提升艺术水平。

（二） 学制与学时

本课程按初级班、提高班和研修班设置。

初级班：学制 2 年，4 个学期，每学期 16 周，每周 1 次课，每课 2 学时，共 128 学时。

提高班：学制 2 年，4 个学期，每学期 16 周，每周 1 次课，每课 2 学时，共 128 学时。

研修班：学制 1 年，2 个学期，每学期 16 周，每周 1 次课，每课 2 学时，共 64 学时。

（三） 课程对象

具有一定的绘画基础（如书法、山水、花鸟或速写、素描等），并对写意人物有一定的理解和爱好的离退休人员。

二、 教学目的

通过初级班的学习，学员能够充分体会、把握人体的基本形体、神态特征（全身结构、比例、五官、手脚等），并通过临摹人物"十八描"、意笔表现，以及对山水、花鸟、书法等笔墨线条、线性、笔法的理解、运用和练习，为进一步画好中国写意人物画打下坚实的基础。

通过提高班的学习，学员能够把握笔法、墨法、色法、笔墨造型等在绘画中的运用，充分认识中国写意人物画以线造型的创作理念，从而理解写意人物创作的实质，达到修身养性、开阔视野、掌握技艺、陶冶情操的目的。

通过研修班的学习，学员能够在一定的笔墨造型基础上，深入理解、感悟、体验并掌握中国写意人物画的笔墨造型规律、创作理念以及临摹经典、外师造化与创作的关系等，通过对立意、立象、配景组合、章法布局、技法、格式不同表现等，深刻理解与把握其创作技巧，夯实创作能力。

三、 教学原则与方法

根据老年学员的身心特点，运用讲解法、直观演示法、师生互动法、观摩示范法、练习法等方法进行教学，使学员充分了解中国绘画的艺术和传统独特的民族文化。课堂多做示范讲解和作品点评，使学员进一步了解人物的特征比例和人体绘画的分解步骤，充分把握、感悟写意人物画创作的方式方法及其笔墨造型规律，从而提升绘画水平，提高创作能力。

四、 教学内容

（一） 初级班

第一学期（32 学时）

1. 概述中国人物画的发展历史及其演变过程，准备工具及材料；

2. 人体的结构及比例特征：人体的特征（三固定、二活动、全身十七段），人体的比例（成人立七、坐五、盘三半，儿童不同阶段比例，比例与透视关系，正方形、圆形中的成人比例特征，男女身体的不同特征）；

3. 人物面部的特征及画法：面部特征（"8"字脸形），五官比例及正面画法（成人的"三庭五眼"、儿童与成人的区别），面部侧面的画法及耳朵位置，如何把握面部的透视关系；

4. 如何画像并把握好神态：局部（五官）形态的画法，眉毛、眼睛、鼻子、嘴巴、耳朵、面部表情（喜怒哀乐）表现画法，手的画法及姿态（男女），脚的画法及姿态（男女）；

5. 身体各部分肌肉了解与认识：头部肌肉、颈部肌肉、躯干肌肉、上肢肌肉、下肢肌肉；

6. 头发、胡须、衣纹的画法；

7. 人物画"十八描"内容与练习方法。

第二学期（32 学时）

1. 写意人物画的笔墨造型练习：人物画的写生及速写画法（铅笔、钢笔及毛笔）；
2. 玉兰花配禽鸟与写意人物画创作；
3. 迎春花配禽鸟与写意人物画创作；
4. 牡丹花配禽鸟与写意人物画创作；
5. 荷花配禽鸟与写意人物画创作；
6. 牛马的画法与写意人物画创作。

第三学期（32 学时）

1. 写意人物画笔墨造型训练：人物画工性用线造型练习与创作，人物画写性用线造型练习与创作；
2. 小写意荷花（写性用线）配禽鸟创作，写意人物画配景（小写意荷花）创作；
3. 竹子（写性用线）配禽鸟创作，写意人物画配景（写性线竹子）创作；
4. 松树配花鸟的雪景创作，写意人物画配景（雪景）创作；
5. 芭蕉（写性用线）配禽鸟创作，写意人物画配景（写性线芭蕉）创作；
6. 没骨花鸟（红柿子配鸟）画法与创作，写意人物画配景（红柿子）创作。

第四学期（32 学时）

1. 仕女及现代女性写意人物配景创作；
2. 孩童写意人物配景创作；
3. 高士及贤士写意人物配景创作；
4. 孩童写意人物配景再创作；
5. 仕女及现代女性写意人物配景再创作；
6. 高士及贤士写意人物配景再创作。

（二）提高班

第一学期（32 学时）

1. 任伯年人物画作品临摹及创作练习；
2. 齐白石大写意简笔人物画作品临摹及意笔人物创作练习；
3. 方增先写意人物画临写及创作练习；
4. 周思聪写意人物画临摹及创作练习；
5. 黄胄写意人物画临写及创作练习；
6. 刘文西人物画临摹及创作练习；
7. 王子武写意人物画临摹及创作练习；
8. 范曾人物画解读及创作练习。

第二学期（32 学时）

1. 仕女"四条屏"及配景组合创作；
2. 孩童（小男孩）"四条屏"及配景组合创作；
3. 孩童（小女孩）"四条屏"及配景组合创作；
4. 钟馗及配景组合创作。

第三学期（32 学时）

1.《山鬼图》（三尺整张）：仕女、老虎及配景；
2.《仕女春藤图》（三尺整张）；
3.《早春》（四尺斗方）：傣族姐妹、梅花；
4.《板桥先生》（三尺整张）：竹石、蕉叶；
5.《霜叶红于二月花》（三尺横幅）：仕女、秋树红叶；
6.《苗家女》（四尺斗方）：芦湖、芦雁等；
7.《仕女执扇赏花图》（四尺斗方）；
8.《傣族姑娘》（四尺斗方）：蕉叶、竹、荔枝等；
9.《观鱼图》（斗方）：荷花、仕女；
10.《快乐济公》（三尺）；
11.《仕女抱琴》（斗方）：仕女、青竹；
12.《傣家姑娘与鸡》（斗方）：蕉叶、鸡、竹子；
13.《苗家女》（斗方）：秋枝、山果；
14.《仕女青花瓷》（三尺）：青花瓶、博古等。

第四学期（32 学时）

1.《秋风满地金》（牧童图）；
2.《小憩》（傣族风情）；
3.《南国五月》（少女荔枝图）；
4.《东坡爱读》（人物蕉石图）；
5.《童年》（藏族小姑娘）；
6.《江南春早》（傣族情）；
7.《秋趣》（童趣图）；
8.《太白松风》（人物松石图）。

（三）研修班

第一学期（32 学时）

1. 古典与现代人物头像的画法与表现方法：古典人物（贤士、仕女、孩童），现代人物（男士、少女、少儿）；

2. 写意人物的整体造型与动态表现；

3. 写意人物的配景与创作。

第二学期（32 学时）

1. 水墨人物画线描写生技法：水墨人物画线描，水墨人物画线描写生练习；

2. 水墨人物画的写生技法：水墨人物画写生方法及步骤，水墨人物画写生练习；

3. 现代水墨人物画创作练习。

注：任课教师会依据教学进度对每学期授课内容进行调整。

五、 课程考核评价

在上课期间，通过课后布置作业，课前点评作业等方式进行日常考评；学期结束后，通过结业作品交流展示，对学习情况进行综合评价与考核；鼓励学员参加校内外书画作品展，合格后由学校统一发放结业证书。

六、 教材与参考资料

1.《艺用人体结构》，佐治·伯里曼著，人民美术出版社，1973 年版。

2.《画手百图》，佐治·伯里曼著，人民美术出版社，1979 年版。

3.《中国历代线描画白描画谱人物篇》，美学大师编委会主编，中国书店出版社，2022 年版。

4. 任课教师自编讲义。

工 笔 花 鸟

一、 课程信息

(一) 课程简介

工笔画是中国画的重要门类之一，要求工整、细致，具体、写实，力求形似，分为人物画和山水花鸟画。工笔花鸟画是运用工笔画技法刻画花卉、昆虫、鸟类、鱼类等形态造型的绘画形式，经三矾九染，用准确的笔触描绘事物。本课程通过教授工笔花鸟的线描、设色基本技法，让老年学员掌握中国画的工笔画技，提高艺术欣赏水平，陶冶情操，修身养性，提高生活乐趣。

(二) 学制与学时

学制 3 年，6 个学期，每学期 16 周，每周 1 次课，每课 2 学时，共 192 学时。

(三) 课程对象

身体健康、爱好工笔花鸟画的离退休人员。

二、 教学目的

通过本课程的学习，学员能够了解工笔画的历史和特点，掌握工笔花鸟画的基本理论知识和绘画技法。通过学习线描、勾线和顿、挫、转、折的行笔法，掌握"骨法用笔"，线条自然流畅，行笔稳定，具备用线造型能力，掌握工笔画渲染上色等基本功，学会工笔花卉、禽鸟走兽的作画基本步骤，能够临摹花鸟画范本，掌握工笔花鸟画的写生方法，能够完成工笔花鸟画作品的创作，具有一定的绘画鉴赏能力。

三、 教学原则与方法

根据老年学员的身心特点，运用讲解法、直观演示法、师生互动法、观摩示范、练习法等方法进行教学。把线描纳入工笔花鸟的教学中来，教学主要内容以勾线临摹练习为主，让学员对以线造型有进一步的认知和了解。抓住重点，把临摹写生作为教学的重心，为学员选择优秀的切合教学实际的临本，如《出水芙蓉图》《碧桃图》《腊嘴桐子图》《白头丛竹图》《桃花山鸟图》《海棠蛱蝶图》等，强化线描写生能力的训练。对经典工笔花鸟画的综合艺术表现力进行讲解欣赏，感知其形神兼备、以形取神的意境美感，形成以培养审美感来陶冶情操的教学方法，在欣赏教学中感受工笔画的美，提高鉴赏能力，并进一步激发学员的学习兴趣。

四、教学内容

第一学期（32 学时）

    1. 工笔花鸟画的发展史及特点；

    2. 笔法与墨法；

    3. 白描的基本知识与要求；

    4. 着色的基本技法；

    5. 月季花、牵牛花和中华秋海棠的画法。

第二学期（32 学时）

    1. 金带围芍药的画法；

    2. 白菖蒲花的画法；

    3. 牡丹的画法。

第三学期（32 学时）

    1. 黄秋葵的画法；

    2. 棉花的画法；

    3. 玉兰和红绶带鸟的画法。

第四学期（32 学时）

    1. 兰花的画法；

    2. 水仙花配蝴蝶的画法；

    3. 萱草配蝴蝶的画法。

第五学期（32 学时）

    1. 杏花小山雀的画法；

    2. 粉色朱顶红配蝴蝶的画法；

    3. 葡萄配牛蜂的画法。

第六学期（32 学时）

1. 仙客来花的画法；
2. 紫荆花的画法；
3. 芙蓉花配蝴蝶的画法；
4. 花鸟画的章法、题款、钤印等；
5. 工笔画的写生和创作。

注：任课教师会依据教学进度对每学期授课内容进行调整。

五、课程考核评价

在上课期间，通过课后布置作业，课前点评作业等方式进行日常考评；学期结束后，通过结业作品交流展示，对学习情况进行综合评价与考核；鼓励学员参加校内外书画作品展，合格后由学校统一发放结业证书。

六、教材与参考资料

1. 《工笔花卉技法》，俞致贞著，人民美术出版社，1982 年版。
2. 《俞致贞刘力上工笔花鸟画集（共 2 册）》，天津人民美术出版社，2006 年版。
3. 《中国工笔花鸟画四大家技法赏析：俞致贞、刘力上》，福建美术出版社，2003 年版。
4. 《俞致贞白描花卉》，天津人民美术出版社，2002 年版。
5. 《百花工笔画集》，荣宝斋出版社，2007 年版。
6. 《中国工笔牡丹：绘画技法》，高宗水编著，人民美术出版社，2014 年版。
7. 《于非闇工笔花鸟画集（上、下）》，于非闇绘，天津人民美术出版社，2005 年版。
8. 《于非闇工笔花鸟画论》，于非闇著，上海人民美术出版社，2018 年版。
9. 《中国历代名画宝库 宋人小品（翎毛编）》，岭南美术出版社，1998 年版。
10. 《中国历代名画宝库 宋人小品（花卉·鱼虫编）》，岭南美术出版社，1998 年版。
11. 任课教师自编讲义。

工 笔 人 物

一、课程信息

（一） 课程简介

工笔画是中国画的重要门类之一，要求工整、细致、具体、写实，力求形似，分为人物画和山水花鸟画。工笔人物画是中国传统绘画最早的表现形式之一，带动其他绘画种类的发展和成熟，具有极高的艺术感染力。工笔人物画是运用工笔画技法刻画人物形态造型的绘画形式，本课程是中国画教学体系的重要组成部分，通过教授中国工笔人物画的特色、工具的使用方法、线条用笔技巧（勾线、背托和颜色的运用染色、着色、调色）等知识，培养提升老年学员的中国画绘画技艺和艺术鉴赏能力，抒发内心情感，修身养性，陶冶情操。

（二） 学制与学时

学制 2 年，4 个学期，每学期 16 周，每周 1 次课，每课 2 学时，共 128 学时。

（三） 课程对象

身体健康、爱好工笔人物画的离退休人员。

二、教学目的

通过本课程的学习，学员能够了解工笔人物画的特色，掌握绘画工具的使用方法，掌握绘制过程中的基本步骤和用笔技巧，培养绘画兴趣，提高审美能力，增强对艺术的鉴赏力、感知力，达到抒发内心情趣、修身养性、陶冶情操的目的，培养激发学员热爱中华优秀传统文化的民族自豪感和自信心。

三、教学原则与方法

根据老年学员的身心特点，运用讲解法、直观演示法、师生互动法、观摩示范法、练习法等方法进行教学。以临摹为主，深刻体会工笔人物画线条变化丰富，墨、色浓淡相宜的特点，以形写神、形神兼备的艺术风格。着重培养学员以线造型的能力，帮助学员深入了解中国传统绘画中线条的艺术表现形式和艺术语言表达技巧。利用线条的取舍，虚实的对比等方法塑造形象，引导学员从生活中积累素材，将所学知识融会贯通，学以致用，启发自身的创作能力。

四、 教学内容

第一学期（32 学时）

1. 中国人物画概述，介绍绘制工具及使用方法；
2. 勾线的基本笔法训练，熟练运用勾线笔画出不同的线；
3. 如何勾画人物五官的比例关系，重点学习人物眉、眼、鼻、口、耳的画法；
4. 如何勾画衣纹和配饰，用不同的线表示不同的质感；
5. （人物头像）如何勾线，了解画人物的基本程序；
6. （人物头像）头发与皮肤的分染，学会分染的基本技法；
7. （人物头像）头发与皮肤的统染，学会统染的基本技法；
8. （人物头像）如何进行托色、罩染，掌握托色和罩染的技法；
9. （人物头像）如何开脸、勒线、丝头发，学习开脸、丝头发的技法；
10. 头发与面部的分染，平涂衣服，训练分染的基本方法；
11. 头发与面部的统染，衣服的分染，训练分染、统染的基本技法；
12. 头发与面部的进一步调整，统染衣服，加强基本技法训练；
13. 人物的托色与罩染，了解托色的作用，掌握技法；
14. 勒线，调整画面。

第二学期（32 学时）

1. 色彩知识：认识并绘制色轮；
2. 什么是退染：单色退染、杂色退染；
3. 《仕女头像》勾线、丝头发；
4. 《仕女头像》头发与面部的分染；
5. 《仕女头像》衣服的平涂、分染、托色；
6. 《仕女头像》调整面部，开脸、丝头发、画头饰；
7. 《仕女头像》衣服的罩染、掏染；
8. 《仕女头像》勒线，调整画面；
9. 《古乐仕女》勾线、平涂、分染；
10. 《古乐仕女》头发与面部的分染；
11. 《古乐仕女》分染衣服，调整画面；

12.《古乐仕女》头发面部的统染、罩染；

13.《古乐仕女》开脸、丝头发、画头饰；

14.《古乐仕女》罩染衣服，背托，提染；

15.《古乐仕女》掏染和退染花纹；

16.《古乐仕女》勒线，调整画面。

第三学期（32学时）

1.《步步生莲》勾线；

2.《步步生莲》头发与皮肤的分染；

3.《步步生莲》首饰的画法；

4.《步步生莲》衣服的分染；

5.《步步生莲》披肩的画法；

6.《步步生莲》裙子的掏染，添画花纹；

7.《步步生莲》纱衣服的画法；

8.《步步生莲》头发皮肤的罩染，托色、开脸；

9.《步步生莲》衣服的托色、背景莲花的分染；

10.《步步生莲》背景莲花进一步渲染；

11.《步步生莲》勒线，调整画面；

12.《步步生莲》勾线、分染头发面部；

13.《步步生莲》分染衣服与背景；

14.《步步生莲》罩染、托色；

15.《步步生莲》开脸、调整画面、勒线。

第四学期（32学时）

1.《黛玉葬花》勾线；

2.《黛玉葬花》分染头发与面部；

3.《黛玉葬花》衣服的分染；

4.《黛玉葬花》分染石头与芭蕉叶；

5.《黛玉葬花》分染花树与草地；

6.《黛玉葬花》人物统染；

7.《黛玉葬花》画面的罩染与托色；

8.《黛玉葬花》开脸、提染、首饰；

9.《黛玉葬花》画图案、调整画面；

10.《黛玉葬花》勒线；

11.《凝香》团扇勾线、平涂；

12.《凝香》分染；

13.《凝香》统染；

14.《凝香》罩染、画图案；

15.《凝香》开脸、丝头发、画头饰；

16.《凝香》勒线、调整画面，期末总结。

注：任课教师会依据教学进度对每学期授课内容进行调整。

五、课程考核评价

在上课期间，通过课后布置作业，课前点评作业等方式进行日常考评；学期结束后，通过结业作品交流展示，对学习情况进行综合评价与考核；鼓励学员参加校内外书画作品展，合格后由学校统一发放结业证书。

六、教材与参考资料

1.《中国工笔人物画教学》，梁文博、袁僩、李健编著，辽宁美术出版社，2016年版。

2. 任课教师自编讲义。

京 剧 脸 谱 绘 画

一、 课程信息

（一） 课程简介

    京剧作为三大国粹之一被列入世界非物质文化遗产，有着东方艺术审美的标志性符号，而京剧脸谱更是具有非常独特的艺术特点，其色彩、线条、谱式结构都是具有东方美学哲学思想的艺术形式，也是享誉国际的中国符号。京剧脸谱是中国绘画工笔重彩绘画的一个分类，蕴含着中国传统文化的精髓和华夏历史文明。每个脸谱都是一个个鲜活的人物，都出自一出出精彩的剧目，每出戏又是一段历史故事。本课程通过教授脸谱的绘画技巧，使老年学员能更深入地了解历史，进一步丰富老年精神文化生活。

（二） 学制与学时

    本课程按初级班、中级班和高级班设置。

    初级班：学制1年，2个学期，每学期16周，每周1次课，每课2学时，共64学时。

    中级班：学制1年，2个学期，每学期16周，每周1次课，每课2学时，共64学时。

    高级班：学制1年，2个学期，每学期16周，每周1次课，每课2学时，共64学时。

（三） 课程对象

    初级班针对没有绘画基础，对脸谱艺术、京剧艺术以及中国绘画感兴趣的离退休人员。

    中级班针对掌握用笔、晕染等技巧，有一定绘画基础的离退休人员。

    高级班针对能够具备一定脸谱绘画能力，并有进一步提升需求的离退休人员。

二、 教学目的

    通过初级班的学习，学员能够了解京剧脸谱的由来与发展、谱式的分类、绘画常用画具、脸谱的基本绘画要求以及脸谱艺术的理念和背后的故事。

    通过中级班的学习，学员能够进一步了解翁氏脸谱的理论体系，对脸谱的绘画有更加细致、更加优质的提升。

通过高级班的学习，学员能够掌握谱式的架构解析、如何勾画、如何表现神态等高难度的绘画要求，最终能够独立完成谱式绘画的二次创作。

三、 教学原则与方法

根据老年学员的身心特点，遵循先易后难、循序渐进、示范教学、因材施教和精讲多练的原则，运用讲授法、演示法、练习法和反馈激励法等方法开展教学。进行视频同步示范教学，将脸谱理论讲授、技巧训练相结合，让学员扎实地掌握脸谱的基础知识和绘画技能；突出重点和难点的强化训练，阶段性复习和巩固教学效果；在统讲统教的前提下，视学员的接受能力灵活对待，适当调整教学进度，多鼓励、多实践、常点评，调动学员学习的主动性和积极性。

四、 教学内容

（一） 初级班

第一学期（32 学时）

1. 介绍京剧脸谱的基础知识，进行整脸谱式关羽谱式的绘制教学，讲解人物来历、剧目梗概以及基本绘制流程和基本要领，示范绘制整体过程并逐一讲解绘制重点；

2. 整脸谱式曹操的绘制教学；

3. 六分脸谱式黄盖的谱式绘制教学示范；

4. 三块瓦谱式曹仁的谱式绘制教学示范；

5. 三块瓦谱式张郃的谱式绘制教学示范；

6. 三块瓦谱式乐进的谱式绘制教学示范；

7. 三块瓦谱式马谡的谱式绘制教学示范；

8. 三块瓦谱式夏侯惇的谱式绘制教学示范；

9. 三块瓦谱式文聘的谱式绘制教学示范；

10. 花三块瓦谱式典韦的谱式绘制教学示范；

11. 十字门谱式张飞的谱式绘制教学示范；

12. 十字门谱式司马师的谱式绘制教学示范；

13. 十字门谱式魏延的谱式绘制教学示范；

14. 花元宝脸谱式周仓的谱式绘制教学示范；

15. 僧道脸谱式庞统的谱式绘制教学示范；

16. 小花脸谱式蒋干的谱式绘制教学示范。

第二学期（32 学时）

1. 三块瓦谱式关胜的谱式绘制教学示范；
2. 三块瓦谱式张顺的谱式绘制教学示范；
3. 三块瓦谱式徐宁的谱式绘制教学示范；
4. 十字门谱式刘唐的谱式绘制教学示范；
5. 花三块瓦谱式李逵的谱式绘制教学示范；
6. 十字门谱式杨志的谱式绘制教学示范；
7. 僧道脸谱式鲁智深的谱式绘制教学示范；
8. 僧道脸谱式公孙胜的谱式绘制教学示范；
9. 神怪脸谱式李靖的谱式绘制教学示范；
10. 神怪脸谱式杨戬的谱式绘制教学示范；
11. 神怪脸谱式木吒的谱式绘制教学示范；
12. 神怪脸谱式巨灵神的谱式绘制教学示范；
13. 象形脸谱式孙悟空的谱式绘制教学示范；
14. 象形脸谱式猪悟能的谱式绘制教学示范；
15. 神仙脸谱式青龙的谱式绘制教学示范；
16. 神仙脸谱式白虎的谱式绘制教学示范。

（二） 中级班

第一学期（32 学时）

1. 整脸谱式包拯的谱式绘制教学示范；
2. 六分脸谱式徐延昭的谱式绘制教学示范；
3. 三块瓦老脸谱式姚期的谱式绘制教学示范；
4. 花三块瓦谱式窦尔敦的谱式绘制教学示范；
5. 十字门脸谱式夏侯渊的谱式绘制教学示范；
6. 元宝脸谱式曹宝的谱式绘制教学示范；
7. 花脸谱式曹洪的谱式绘制教学示范；
8. 花元宝脸谱式钟馗的谱式绘制教学示范；
9. 象形脸谱式金钱豹的谱式绘制教学示范；
10. 神仙脸太乙真人的谱式绘制教学示范；
11. 僧道脸谱式杨延德的谱式绘制教学示范；
12. 歪脸谱式李七的谱式绘制教学示范；
13. 太监脸谱式刘瑾的谱式绘制教学示范；
14. 碎脸谱式马武的谱式绘制教学示范；
15. 揉脸谱式黑风利的谱式绘制教学示范；
16. 小妖脸/英雄脸水妖的谱式绘制教学示范。

第二学期（32 学时）

    1. 整脸谱式赵匡胤的谱式绘制教学示范；

    2. 六分脸谱式李克用的谱式绘制教学示范；

    3. 三块瓦老脸谱式鲍子安的谱式绘制教学示范；

    4. 花三块瓦谱式单雄信的谱式绘制教学示范；

    5. 十字门谱式牛皋的谱式绘制教学示范；

    6. 元宝脸谱式颜佩韦的谱式绘制教学示范；

    7. 花脸谱式杨七郎的谱式绘制教学示范；

    8. 花元宝脸谱式伽蓝的谱式绘制教学示范；

    9. 象形脸谱式李元霸的谱式绘制教学示范；

    10. 神仙脸谱式金牛神的谱式绘制教学示范；

    11. 僧道脸谱式郝文的谱式绘制教学示范；

    12. 歪脸谱式郑子明的谱式绘制教学示范；

    13. 太监脸谱式伊立的谱式绘制教学示范；

    14. 碎脸谱式陈友杰的谱式绘制教学示范；

    15. 英雄脸谱式贺天豹的谱式绘制教学示范；

    16. 武丑谱式杨香武的谱式绘制教学示范。

（三）高级班

第一学期（32 学时）

    1. 福字单谱组合作品的绘制教学示范；

    2. 寿字单谱组合作品的绘制教学示范；

    3. 福寿双全作品的绘制教学示范；

    4. 福禄寿组合作品的绘制教学示范；

    5. 扇面三葫芦谱式的绘制教学示范；

    6. 扇面三碎脸谱式的绘制教学示范；

    7. 五路财神谱式作品的绘制教学示范；

    8. 招财进宝五路财神组合作品的绘制教学示范。

第二学期（32 学时）

    1. 福字组合（福禄寿喜）作品的绘制教学示范；

    2. 寿字组合（福寿吉祥）作品的绘制教学示范；

    3. 喜结良缘作品（青龙、孔宣、金牛神、喜鹊仙）的绘制教学示范；

    4. 风调雨顺谱式作品的绘制教学示范；

    5. 家和万事兴创意作品的绘制教学示范；

    6. 虎啸龙吟作品的绘制教学示范；

7. 福字组合吉祥如意的绘制教学示范；

8. 三碎图创意元素化作品的绘制教学示范。

注：任课教师会依据教学进度对每学期授课内容进行调整。

五、 课程考核评价

在上课期间，通过课后布置作业，课前点评作业等方式进行日常考评；学期结束后，通过结业作品交流展示，对学习情况进行综合评价与考核；鼓励学员参加校内外书画作品展，合格后由学校统一发放结业证书。

六、 教材与参考资料

1. 《京剧脸谱练习册》（初级、中级、高级），孙世良编绘。

2. 《中国京剧经典脸谱》，孙世良绘，京华出版社，2022年版。

3. 《翁氏藏谱　亮世重光》，孙世良摹绘，中国书店出版社，2018年版。

4. 任课教师自编讲义。

素　描

一、课程信息

（一）　课程简介

素描起源于西方文艺复兴时期，是用单色或很少的色彩来描绘事物的绘画形式，是老年大学绘画基础教学的重要课程之一，具有旺盛的艺术生命力，深受老年学员的喜爱。本课程注重将素描的基础知识与实际创作能力相结合，系统讲授素描的理论、基本的素描技巧等内容，通过教授正确的观察方法，重点提升造型能力，掌握一定的写生能力，学会运用线条或明暗色调准确地表现物象的形体、结构、比例、立体感，培养和启发感受艺术、发现艺术、创造艺术的能力，为学习其他造型艺术和绘画类课程打下良好的基础。

（二）　学制与学时

学制 2 年，4 个学期，每学期 16 周，每周 1 次课，每课 2 学时，共 128 学时。

（三）　课程对象

身体健康、爱好素描的离退休人员。

二、教学目的

通过本课程的学习，学员能够了解素描在绘画艺术中的重要性，掌握素描的基本知识、基本理论和基本技法，加深对被描绘物体造型、体积、结构的认识，理解明暗变化的基本规律，把握素描透视与构图法则以及写生的观察方法和基本步骤，能够独立完成几何形体、静物和石膏头像的写生，准确利用光影关系表现物体的质感和空间，提高艺术表现力和作品赏析能力。

三、教学原则与方法

根据老年学员的身心特点，遵循理论联系实际的原则，循序渐进、因材施教、熟能生巧。在教学中，优化课堂设计，教师根据学员的绘画基础，采取"精讲、多练、直观、互动"等方法，在素描课堂上采用临摹与写生相结合、集体示范与个别辅导相结合的方法，调动学员的学习积极性。强化素描课堂实践操作，以室内写生的教学方法为主，培养学员的整体观念，使其正确了解物体的内部结构，对观察的事物了解得更透彻，教师通过石膏几何模型分层次讲解物体的基本组合，让学员对写生、体验的过程记忆更深刻。穿插教授绘画大师素描作品赏析方法，总结素描绘画技巧，利用图片欣赏、实物欣赏以及带领学员走进大自然等方式，让学员建立绘画与真实世界的联系，锤炼艺术语言，探索艺术规律，引导学员完善自己的作品、熟练作画，提升自身审美。

四、 教学内容

第一学期（32 学时）

1. 素描概述及工具材料介绍；
2. 线条的表现方法；
3. 观察方法和步骤；
4. 透视的概念和规律：平行透视法和成角透视法；
5. 单个几何体的结构素描写生及明暗画法练习：正方体、长方体、球体、圆柱体、圆锥体。

第二学期（32 学时）

1. 几何形体组合的临摹与写生：穿插体的结构与透视、多物体在构图上的均衡性；
2. 金属体、陶罐、塑料类、玻璃器皿以及衬布的起型方法和质感表现；
3. 静物临摹与写生：书、文具、铅笔盒、水果、蔬菜、瓶、罐等；
4. 复杂静物组合练习。

第三学期（32 学时）

1. 风景速写的概念和组成要素；
2. 树木的结构与画法：树干、树枝、树叶、树丛；
3. 灌木、花卉、杂草类的画法与运用；
4. 建筑类的结构与画法：古建筑、现代建筑；
5. 风景写生：取景、选景及构图法则。

第四学期（32 学时）

1. 石膏像结构、解剖，了解各部分结构的骨点特征；
2. 面部五官的透视规律及单体画法练习；
3. 石膏像临摹与写生：起型步骤与骨点分析；

4. 石膏躯干写生；

5. 人像临摹与写生。

注：任课教师会依据教学进度对每学期授课内容进行调整。

五、 课程考核评价

在上课期间，通过课后布置作业，课前点评作业等方式进行日常考评；学期结束后，通过结业作品交流展示，对学习情况进行综合评价与考核；鼓励学员参加校内外书画作品展，合格后由学校统一发放结业证书。

六、 教材与参考资料

1.《透视（美术卷）》，殷光宇编著，中国美术学院出版社，1999 年版。

2.《素描静物》，熊飞著，湖北美术出版社，2010 年版。

3.《石膏头像》，刘胜著，湖南美术出版社，2013 年版。

4. 任课教师自编讲义。

速　写

一、 课程信息

（一） 课程简介

　　速写，有别于素描，是一种运用简单的线条迅速勾勒出事物形象的艺术创作方法，也是老年大学绘画基础教学的重要课程之一。速写并非快速、粗略地记录对象或照搬客观物象，而是以高度的概括化、精神化、写意化来表现对象，是画者内心对客观物象的反映。其所使用的绘画工具、材料较为灵活，画面具有简洁、洗练、传神、鲜活的艺术特点。本课程从培养老年学员的学习兴趣、选择适当的教材、改善教学方法等方面入手，通过了解工具和材料使用，学习速写的用笔、造型和构图等，提高其绘画能力、造型创作能力、观察能力等绘画的基本功，进而掌握快速写生临摹的速写技能。

（二） 学制与学时

　　学制 2 年，4 个学期，每学期 16 周，每周 1 次课，每课 2 学时，共 128 学时。

（三） 课程对象

　　身体健康、爱好速写的离退休人员。

二、 教学目的

　　通过本课程的学习，学员能够熟识速写的透视技巧、形体结构、线条基础，掌握线面表现物象的明暗关系、结构形成等形体规律，学会速写人物、物体、风景等的表现方法。此外，通过速写训练，提高学员眼、脑、手的协调能力，正确提炼出对象特征，提升观察能力，锻炼绘画手感，为创作搜集素材，体验发现生活中的艺术美，最终达到延年益寿、开阔视野、陶冶情操的目的。

三、教学原则与方法

　　根据老年学员的身心特点,运用讲解法、直观演示法、师生互动法、观摩示范法、练习法等方法进行教学。培养学员的观察力,在日常教学过程中,让学员遵循从整体到局部、由局部再到整体的观察方法,实现眼、脑、手三者的协调统一,在观察的基础上掌握人体的运动规律和动态关系,实现整体和局部的艺术观察。课堂以实践教学法为主,辅之以欣赏、临摹和默写,通过教师生动的速写示范以及大师作品赏析,让学员能够直观地了解速写中需要掌握的绘画技巧;通过临摹和默写,把技法熟练化,并最终运用到表现自我感受的过程中。课程注重激发学员的学习兴趣,开展户外写生等教学实践活动,避免单纯的重复性训练,让学员多感悟速写之美。

四、教学内容

第一学期(32 学时)

　　1. 速写基础认知(工具的了解,线条基础训练);

　　2. 掌握运用山和石、云和水的画法;

　　3. 掌握运用不同种类树木的画法;

　　4. 掌握透视表现以及不同建筑材料的表现;

　　5. 完成建筑(中式大门)的表现。

第二学期(32 学时)

　　1. 钢笔画的工具基础认知;

　　2. 线条体现不同材质的练习;

　　3. 掌握一点透视和两点透视;

　　4. 小景、小物的绘画;

　　5. 从局部小景到不同主题的迷人城市街景练习。

第三学期(32 学时)

　　1.(值得一去的风景)掌握速写构图练习;

　　2.(值得一去的风景)掌握速写透视练习;

　　3.(值得一去的风景)速写临摹街景练习。

第四学期(32 学时)

　　1.(美景)初步认知速写钢笔淡彩的画风;

　　2.(美景)掌握速写钢笔画构图练习;

　　3.(美景)掌握速写钢笔画临摹步骤练习;

4.（美景）掌握与了解色彩的应用练习；

5.（美景）速写钢笔淡彩临摹美景练习。

注：任课教师会依据教学进度对每学期授课内容进行调整。

五、 课程考核评价

在上课期间，通过课后布置作业，课前点评作业等方式进行日常考评；学期结束后，通过结业作品交流展示，对学习情况进行综合评价与考核；鼓励学员参加校内外书画作品展，合格后由学校统一发放结业证书。

六、 教材与参考资料

1.《典型风景速写 108 例》，张玉红、冯璐编著，人民邮电出版社，2019 年版。

2.《零基础风景速写一本通》，王志坤著，江苏凤凰科学技术出版社，2020 年版。

3.《风景速写基础入门》，飞乐鸟工作室著，中国水利水电出版社，2017 年版。

4.任课教师自编讲义。

水 彩 画

一、 课程信息

（一） 课程简介

　　水彩画是用水调和透明颜料作画的一种绘画方法，属于西洋绘画艺术的主要画种之一。水彩画以水为脉、以彩为魂、水色交融，色彩轻快透明，技法淋漓酣畅，艺术魅力浓厚，吸引着众多艺术爱好者。本课程的教学内容主要为静物写生，在教学中通过色彩基本知识与原理的讲授以及表现技法的训练（素描训练、用水和调色、绘画程序、画面控制等），训练老年学员运用色彩去塑造形体、结构、空间，培养学员的绘画兴趣，在绘画创作中激发创作意识及认识美、发现美的情感，提高艺术修养，拓展学员自由创作的空间。

（二） 学制与学时

　　学制 2 年，4 个学期，每学期 16 周，每周 1 次课，每课 2 学时，共 128 学时。

（三） 课程对象

　　身体健康、具有一定素描基础、爱好水彩画的离退休人员。

二、 教学目的

　　通过本课程的学习，学员能够了解水彩画的作画工具及绘画特点，掌握水彩画素描造型和用色方法，以及绘画程序中画面整体布局、虚实关系和画面干湿度多因素相互配合的方法，能够用水彩画的技法对静物及风景、人物等进行绘画和创作，掌握水彩艺术规律，增强读画能力，理解创作过程，提高艺术认知修养。

三、 教学原则与方法

　　根据老年学员的身心特点，将色彩基本知识和色彩表现技法作为主要的教学任务，遵循由浅入深、循序渐进的原则，运用问题导入法、讲授法、练习法等方法开展教学。强化基础知识与技法训练，训练学员对色彩的知觉和感情，学会干画法和湿画法等一般技法，了解滴、撒、喷、刮等特殊技法，最大限度地发挥作品色彩的美学功能和视觉效益。注重培养提升学员的审美层次和创造性，开展优秀水彩画作品欣赏课，开阔眼界，丰富学员审美经验，进一步掌握艺术知识。注意因材施教，尊重学员的艺术视角和感受，对有特长的学员要加以鼓励和培养，开发创作思维，提升学员水彩绘画艺术表现能力。

四、 教学内容

第一学期 （32 学时）

1. 水彩画的历史演变及工具介绍：颜料、画笔、纸；
2. 色彩的基本原理和基本知识；
3. 水彩画的表现技法与运笔方法；
4. 水彩画的构图方式与作画步骤；
5. 水彩静物组合临摹与写生：器皿、果蔬、花卉等。

第二学期 （32 学时）

1. 色彩观察技能训练和空间透视的构建；
2. 色彩运用的基本形式规律：对比与和谐、节奏与韵律；
3. 水彩画技法、笔法与绘画语言的结合；
4. 优秀作品赏析与临摹；
5. 水彩风景写生：山水、树木、河流等自然景物。

第三学期 （32 学时）

1. 水彩画的造型原则：层次与虚实的处理；
2. 色彩的表现要素：质感与肌理的刻画；
3. 水彩风景技法练习；
4. 水彩风景临摹与写生：建筑、民居、桥梁等；
5. 名家名作赏析。

第四学期 （32 学时）

1. 水彩画的水色表现和艺术效果；
2. 光影色调的变化；
3. 画面气氛和意境的营造；
4. 水彩画临摹与写生中的问题解析；
5. 水彩画创作。

注：任课教师会依据教学进度对每学期授课内容进行调整。

五、课程考核评价

在上课期间，通过课后布置作业，课前点评作业等方式进行日常考评；学期结束后，通过结业作品交流展示，对学习情况进行综合评价与考核；鼓励学员参加校内外书画作品展，合格后由学校统一发放结业证书。

六、教材与参考资料

1. 《水彩画技法》，屠维能、马兴隆等编，辽宁美术出版社，2017 年版。
2. 《水彩静物画技法与鉴赏》，张克让编，人民美术出版社，1994 年版。
3. 任课教师自编讲义。

油　　画

一、 课程信息

(一) 课程简介

　　油画是西方绘画艺术中具有代表性的画种，最早起源于欧洲，随着文艺复兴人文思潮的兴起和传播，油画以其丰富逼真的色彩、善于营造物体立体感、细节表现细腻等特点，快速地被各国绘画艺术家接受和喜爱。本课程通过教授油画艺术鉴赏、油画基本知识和基本技能等专业内容，重点帮助老年学员掌握油画色彩运用、实体描绘、空间构建等基本技法，实现油画教学目标，提升学员的艺术素养。

(二) 学制与学时

　　学制 3 年，6 个学期，每学期 16 周，每周 1 次课，每课 2 学时，共 192 学时。

(三) 课程对象

　　身体健康、具有一定素描基础、爱好油画的离退休人员。

二、 教学目的

　　通过本课程的学习，学员能够了解油画艺术的起源、发展现状、类型特点、思想内涵、形式美感和色彩表现，学会利用色彩三要素（色相、明度、纯度）去找准物体的立面、远近及明暗关系，逐步掌握正确的观察方法和油画基本技法。本课程旨在培养学员的造型能力、色彩能力、油画表现力、艺术思维和艺术创造力，掌握油画静物、风景的一般写生方法步骤，独立完成具有艺术欣赏价值的油画写生和作品创作，达到修身养性、陶冶情操的目的。

三、 教学原则与方法

　　根据老年学员的身心特点，按照循序渐进、因材施教、理论联系实际的原则，运用练习

50

法、演示法、讲授法等方法开展教学。在教学中，坚持学员动手为主、教师示范为辅，注重学员实践知识的积累和动手能力的培养，通过课堂练习掌握油画技法、色彩、构图等科学理论的认知，提高学员实际绘画能力。在示范中穿插讲解油画的流派、风格和技法等知识，加深学员对油画的认识，提升教学效果。在课堂上预留学员作品展览空间，通过教师对学员作品展示讲评和学员相互间对照欣赏，巩固优点、纠正错误、共同提高，调动学员的学习积极性和主动性，提升学员对优秀作品的探究学习与转化能力，开阔眼界，提升艺术美学修养。

四、教学内容

第一学期（32 学时）

1. 油画概论、油画工具介绍及使用方法；
2. 怎样处理画面的光色关系；
3. 名家作品解析：梵高向日葵画法；
4. 静物画法举要；
5. 作品构图解析；
6. 名家作品临摹：莫奈睡莲；
7. 名家作品临摹：雷诺阿花卉静物；
8. 名家作品临摹：费欣花卉静物。

第二学期（32 学时）

1. 油画中冷暖色的处理；
2. 怎样处理画面的空间感；
3. 名家作品临摹；
4. 怎样处理画面中的透视关系；
5. 油画中薄画法解析示范；
6. 油画中厚画法解析示范；
7. 怎样处理画面中的主次关系；
8. 点彩画法解析及示范。

第三学期（32 学时）

1. 不同材质花瓶画法；
2. 花卉静物与玻璃酒杯搭配画法；
3. 怎样处理画面中的高级灰；
4. 怎样学习风景画（结合名家作品分析）；
5. 天空和云的画法；
6. 朝霞的画法；

7. 海景的画法；

8. 油画中不同乔木与灌木的画法。

第四学期（32 学时）

1. 春天的风景；

2. 夏天的花园；

3. 玫瑰花画法；

4. 百合花画法；

5. 丁香花画法；

6. 郁金香画法；

7. 波斯菊画法；

8. 睡莲画法。

第五学期（32 学时）

1. 怎样用油画表现江南水乡：民居画法；

2. 怎样用油画表现江南水乡：桥的画法；

3. 怎样用油画表现江南水乡：船的画法；

4. 怎样用油画表现江南水乡：水的画法；

5. 怎样用油画表现江南水乡：油菜花的画法；

6. 白桦林的画法；

7. 杂树的画法；

8. 秋天风景画法。

第六学期（32 学时）

1. 油画媒介使用方法：塑形膏的用法；

2. 油画媒介使用方法：光亮胶的用法；

3. 油画媒介使用方法：霞石胶的用法；

4. 怎样使用刮刀表现油画的厚画法；

5. 海景的画法；

6. 雨景的画法；

7. 雪景的画法；

8. 场景绘画表现手法，怎样表现场景中的人物。

注：任课教师会依据教学进度对每学期授课内容进行调整。

五、 课程考核与评价

在上课期间，通过课后布置作业，课前点评作业等方式进行日常考评；学期结束后，通过结业作品交流展示，对学习情况进行综合评价与考核；鼓励学员参加校内外书画作品展，合格后由学校统一发放结业证书。

六、 教材与参考资料

1. 《500 年大师经典色彩风景》，杨建飞主编，中国书店出版社，2015 年版。
2. 《油画基础教程　花卉篇》，高飞著/绘，人民邮电出版社，2022 年版。
3. 任课教师自编讲义。

彩　墨　画

一、 课程信息

(一) 课程简介

　　彩墨画是中国现代画派之一，是一种采用中国画的纸、墨，参用西方绘画的构图和造型方式，色、墨兼重的绘画形式，体现了中国传统绘画与西方艺术的融合。彩墨画与水墨画不同，它以彩墨混合造型，彩墨并重，在色彩上较为丰富、明快、鲜亮。彩墨混合造型的三原则是和谐、均衡、聚散，彩墨画不同于水墨画的以水为媒介，而是以彩为媒介，把光影融化进色彩之中；彩墨画不同于传统中国画，它把无画处看作有画，而空白处正好是彩与墨这曲和声中的华彩乐章，是彩墨画中的龙脉。彩墨画孕育中国画的传统，借鉴西方的古典与现代，追求的是传统与现代的合璧，具有更大的综合性、灵活性与可塑性。在本课程的教学中，教师以临习、观摩、体验等教学手段引导老年学员亲近彩墨艺术、学会思考创作，为传承和创新传统绘画艺术奠定基础。

(二) 学制与学时

　　学制 3 年，6 个学期，每学期 16 周，每周 1 次课，每课 2 学时，共 192 学时。

(三) 课程对象

　　身体健康、具有一定油画基础、爱好彩墨画的离退休人员。

二、 教学目的

　　通过本课程的学习，学员能够了解彩墨画的源流与发展，掌握彩墨画的相关技法与表现手段，了解彩墨画画材及使用工具，掌握彩墨画技法及创作步骤（做纸、托胶膜、简单构图、渲染颜色、画面整理完善），进行彩墨画创作分析和彩墨画作品欣赏，综合培养学员的构图能力、造型能力、色彩与肌理的表现能力，激发想象力和创造力，初步具备独立完成彩墨画创作的能力，提高艺术修养，促进身心健康。

三、 教学原则与方法

　　依据老年学员的身心特点，按照循序渐进、因材施教、理论联系实际的原则，运用练习法、演示法、讲授法等方法开展教学。以大量优秀的彩墨画作品范图、图片与图册作为教学资源，通过课堂集中讲解和演示，使学员从直观上了解彩墨画的特殊技法，结合教师亲身示范和个别辅导，使学员初步掌握彩墨画的表现方法。总结和品评学员的彩墨画创作作品，肯定和支持学员的创造性思维，通过实践认识、再实践再认识的规律逐步提高绘画技能、思维能力和表现能力。培养自主探寻艺术道路的能力，遵循欣赏—临摹—再欣赏的过程，先通过赏析各类风格的优秀彩墨画作品，再进行临摹习得彩墨画技法，最后再次欣赏，分析学习综合运用各种技法的方法，为学员完成彩墨画创作打好基础。

四、 教学内容

第一学期（32 学时）

　　1. 彩墨画概论、彩墨画工具介绍及使用方法；

　　2. 彩墨夏荷画法；

　　3. 荷花花头的双勾画法与没骨画法；

　　4. 荷叶不同朝向的画法；

　　5. 莲蓬、水草、茨菇、芦苇画法；

　　6. 蜻蜓画法；

　　7. 翠鸟画法；

　　8. 怎样创作一幅完整的彩墨夏荷作品。

第二学期（32 学时）

　　1. 秋荷的色彩表现；

　　2. 怎样表现秋荷的意境美；

　　3. 残荷画法举要；

　　4. 雪荷的表现手法；

　　5. 荷花小品创作；

　　6. 荷花折扇画法；

　　7. 荷花团扇画法；

　　8. 怎样创作一幅完整的彩墨秋荷作品。

第三学期（32 学时）

　　1. 怎样处理花卉作品的色彩关系；

2. 怎样使花卉作品更生动；

3. 彩墨向日葵画法；

4. 静物玫瑰花画法；

5. 静物百合花画法；

6. 静物丁香花画法；

7. 静物玉兰花画法；

8. 静物小菊花画法。

第四学期（32 学时）

1. 怎样表现风景作品的意境美；

2. 怎样画天空的云霞光；

3. 海景表现手法；

4. 不同树木画法；

5. 城市建筑画法；

6. 场景绘画中人物的处理；

7. 江南水乡民居画法；

8. 田园风光表现手法。

第五学期（32 学时）

1. 怎样表现风景画中的空间感；

2. 画面中虚实关系的处理；

3. 雨景画法；

4. 雪景画法；

5. 桥的画法；

6. 船的画法；

7. 远山的层次处理；

8. 彩墨风景画创作辅导。

第六学期（32 学时）

1. 介绍梵高作品，深入解析其用笔手法并完成临摹作品；

2. 介绍莫奈作品，深入解析其色彩魔力并完成临摹作品；

3. 介绍后印象派画家雷诺阿作品，深入解析其绘画技巧并临摹作品；

4. 介绍塞尚作品，深入解析其绘画风格并完成临摹作品；

5. 介绍毕沙罗作品，深入解析其细腻的光影处理并完成临摹作品；

6. 按照对重视光色的表现与重造型和素描两种类型，对印象主义画家的代表人物和作品总结。

注：任课教师会依据教学进度对每学期授课内容进行调整。

五、课程考核评价

在上课期间，通过课后布置作业，课前点评作业等方式进行日常考评；学期结束后，通过结业作品交流展示，对学习情况进行综合评价与考核；鼓励学员参加校内外书画作品展，合格后由学校统一发放结业证书。

六、教材与参考资料

1. 《丹丹画集》，王丹丹绘，人民美术出版社，2001年出版。
2. 《林风眠画选》，林风眠绘，天津人民美术出版社，2013年出版。
3. 任课教师自编讲义。

彩 铅 画

一、课程信息

（一） 课程简介

彩铅画是一种介于素描和色彩之间的绘画形式。彩铅作为一种新型绘画工具，操控简单便捷，便于在绘画的基础阶段使用，表现力较强，简单操作就会有立竿见影的绘画效果，既可传统与现代结合，又可写实与写意结合，表现手法更为丰富，使用应用广泛程度高。本课程作为绘画教学基础内容之一，通过教授彩铅的基础知识、工具材料的使用方法及绘画基础技法等内容，快速提升老年学员的造型、创作、观察能力等绘画的基本功，让学员体会到彩铅美术作品更加丰富的层次感、空间感和轻盈通透质感，激发学习热情，有益身心健康。

（二） 学制与学时

学制 2 年，4 个学期，每学期 16 周，每周 1 次课，每课 2 学时，共 128 学时。

（三） 课程对象

身心健康、爱好彩铅画艺术的离退休人员。

二、 教学目的

通过本课程的学习，学员能够掌握彩铅画的基础技法。在起型上以线性素描找型，学会彩铅线条（直线、弧线、绕圈线、短线等）画法，找准刻画对象的形体；在着色上通过平涂、色彩的轻重、色块间的叠加、冷色调和暖色调等练习，学会分块面、结合明暗光影的构图方法；在细节刻画上，学会整体画面虚实关系的布局，掌握比例关系和物体位置明暗对比的调整；在质感表现上，学会制造控制不同笔触的不同质感，增强彩铅画的刻画能力。

三、教学原则与方法

根据老年学员的身心特点，运用讲解法、直观演示法、师生互动法、观摩示范练习法等方法进行教学。重点开展彩铅临摹教学，在临摹过程中，让学员充分体验用铅笔绘画的过程，充分了解速写整体布局，锻炼学员在绘画中的构图、造型等技巧，体验不同线条的绘画表现效果，激发学员的积极性、创作能力。

四、教学内容

第一学期（32学时）

1. 彩铅基础认知（工具的了解，基础绘画技巧）；
2. 掌握单个物体与多几何物体的绘画组合；
3. 掌握色彩和构图原理、透视关系、光影明暗；
4. 不同常见静物的练习。

第二学期（32学时）

1. 彩铅基础认知（完全了解彩铅工具，练习应用）；
2. 加强基本绘画技巧的练习（快速起型）；
3. 彩铅的叠色、渐变色画法练习；
4. 各种质感的笔触画法练习。

第三学期（32学时）

1.（美景映画值得一去的风景）构图绘画技巧；
2.（美景映画值得一去的风景）快速起型绘画技巧；
3.（美景映画值得一去的风景）叠色、渐变色绘画技巧；
4.（美景映画值得一去的风景）完成8幅画的美景练习。

第四学期（32学时）

1.（美景映画值得一去的风景）色彩原理绘画技巧；
2.（美景映画值得一去的风景）透视关系绘画技巧；
3.（美景映画值得一去的风景）光影明暗绘画技巧；
4.（美景映画值得一去的风景）完成8幅画的美景练习。

注：任课教师会依据教学进度对每学期授课内容进行调整。

五、 课程考核评价

在上课期间，通过课后布置作业，课前点评作业等方式进行日常考评；学期结束后，通过结业作品交流展示，对学习情况进行综合评价与考核；鼓励学员参加校内外书画作品展，合格后由学校统一发放结业证书。

六、 教材与参考资料

1.《美景映画　彩铅风景画零基础入门教程》，飞乐鸟工作室著，中国水利水电出版社，2020 年版。

2.《风景绘》，飞乐鸟著，中国水利水电出版社，2013 年版。

3. 任课教师自编讲义。

马 克 笔 绘 画

一、课程信息

（一）课程简介

马克笔绘画色彩丰富，具有快干、显色度高、颜料使用方便、能长久保存的特点，常用于各类设计手绘图，在快速绘图、设计物品、广告标语、海报绘制等美术创作等场合广泛应用。本课程从教授简单的图案开始，介绍马克笔的绘画特点，讲解颜色搭配，指导老年学员画出漂亮的实物组合、唯美的风景以及临摹世界名画，陶冶情操，乐享生活。

（二）学制与学时

学制 2 年，4 个学期，每学期 16 周，每周 1 次课，每课 2 学时，共 128 学时。

（三）课程对象

身体健康、爱好马克笔绘画的离退休人员。

二、教学目的

通过本课程的学习，学员能够了解马克笔绘画的基本工具和绘画技巧，学习黑白到彩色的线描知识和不同的上色技法，强化同色系颜色的运用与区分以及互补色、不同色系组合练习，掌握用色技巧，提高对颜色的把控，准确营造画面气氛，增加知识素养，提高绘画技能。

三、教学原则与方法

根据老年学员的身心特点，遵循由浅入深、深入浅出、理论联系实际的原则，运用讲授法、赏析法、实践法等方法开展教学，将"教、学、做"融为一体。注重从简单物体开始到简单物体组合，学习丰富多变的线条语言，体会不同的绘画笔触，学习构图分析，巩固几何形态的基本元素，具备对照片、实物场景的分析能力，同时提高对透视的认知和呈现。注重对色彩色调的深入理解，更好地辨别主色调、色彩和明度的对比以及光影的处理，将不同的上色技法相结合达到营造色彩丰富的画面效果。注重巩固提高马克笔上色技巧，掌握处理大面积背景的方法，练习运用点、线、面丰富整体画面，增强学员的塑形能力和对作品的鉴赏能力。

四、教学内容

第一学期（32 学时）

1. 马克笔基础认知、了解马克笔绘画工具和练习应用；

2. 基础绘画技法：笔法、涂色、高光笔使用；

3. 色彩认知：冷暖色及纯色的表现、光影及灰色调的表现；

4. 从简单物体开始，马克笔表现水果、萌宠、宝石、蔬菜组合、甜品组合、植物组合；

5. 同色系练习（月饼）；

6. 互补色练习（早餐）；

7. 不同色系组合（枫叶）；

8. 高光与反光的处理技巧（玻璃器皿）；

9. 金属质感的表达技巧（花艺剪刀）；

10. 高光笔使用技巧（红烧肉）。

第二学期（32 学时）

1. 宏村南湖场景综合表达；

2. 福建土楼场景综合表达；

3. 上海外滩场景综合表达；

4. 江南水乡场景综合表达；

5. 土家吊脚楼场景综合表达；

6. 丽江古城场景综合表达；

7. 古北水镇场景综合表达；

8. 洪崖洞场景综合表达。

第三学期（32 学时）

1. 观察透视的眼睛；

2. 怎样画得更立体；

3. 基本形体绘画练习；

4. 画面构图；

5. 城市印象（老家的房子）；

6. 城市印象（老家的寺庙）；

7. 城市印象（小吴哥窟）；

8. 城市印象（暑期就爱玩水）；

9. 城市印象（空中之美）。

第四学期（32 学时）

1. 观察透视的眼睛（立春、雨水）；

2. 怎样画得更立体（惊蛰、春分）；

3. 基本形体绘画练习（清明、谷雨）；

4. 画面构图（立夏、小满）；

5. 节气组合（芒种、夏至）；

6. 节气组合（小暑、大暑）；

7. 节气组合（立秋、处暑）；

8. 节气组合（白露、秋分）；

9. 节气组合（寒露、霜降）；

10. 节气组合（立冬、小雪）；

11. 节气组合（大雪）；

12. 节气组合（冬至）；

13. 节气组合（小寒）；

14. 节气组合（大寒）。

注：任课教师会依据教学进度对每学期授课内容进行调整。

五、 课程考核评价

在上课期间，通过课后布置作业，课前点评作业等方式进行日常考评；学期结束后，通过结业作品交流展示，对学习情况进行综合评价与考核；鼓励学员参加校内外书画作品展，合格后由学校统一发放结业证书。

六、 教材与参考资料

1. 《马克笔奇幻场景绘制教程》，韩光著/绘，人民邮电出版社，2020 年版。

2. 《马克笔手绘表现技法入门》，李国涛著，人民邮电出版社，2017 年版。

3. 任课教师自编讲义。

钢 笔 淡 彩 绘 画

一、 课程信息

(一) 课程简介

钢笔淡彩绘画是指运用钢笔线条在底稿上画出物体的轮廓线，再通过水彩晕染呈现画面效果的一种绘画方式。钢笔淡彩的画面相对灵动，能够充分表现物体的立体感和空间层次感。本课程主要讲授钢笔淡彩绘画的基本原理、透视知识、空间关系和上色技法等，帮助老年学员轻松上手钢笔淡彩画，提高艺术鉴赏能力，丰富精神文化生活。

(二) 学制与学时

学制 2 年，4 个学期，每学期 16 周，每周 1 次课，每课 2 学时，共 128 学时。

(三) 课程对象

身体健康、爱好钢笔淡彩画的离退休人员。

二、 教学目的

通过本课程的学习，学员能够了解钢笔淡彩绘画工具和基础绘画技法，学习如何起型、构图以及丰富多变的线条（直线、弧线、绕圈线、短线等）语言，掌握光影明暗构图原理、不同的上色技法、不同笔触的不同质感，辅助工具留白胶的使用和叠色渐变色的应用等，提升绘画技能，提高鉴赏能力，开阔视野、陶冶情操。

三、 教学原则与方法

根据老年学员的身心特点，遵循由浅入深、深入浅出、理论与实践相结合的原则，运用讲解法、直观演示法、师生互动法、练习法等方法进行教学。坚持从简单物体开始到简单物体组合，利用实景照片并结合场景写生训练。通过教师课堂的示范讲解、学员课后练习，了解色彩原理和透视原理，学会观察物体的关系，掌握构图方法和用色技巧，激发学员的积极性和创造性。注重加强平涂练习、色彩的轻重练习、色块叠加练习、冷暖色调运用、物体形状分析、物体组合应用，整体画面布局、明暗对比调整等日常训练，探索画面的体积感和丰富感，提高绘画创作水平和能力。

四、 教学内容

第一学期（32 学时）

1. 了解钢笔淡彩工具和线条表现；
2. 了解基础绘画技法（留白、涂色、混色）；
3. 色彩认知（光影及灰色调的表现）；
4. 干纸混色、湿纸混色；
5. 从简单物体开始（老北京小吃、北冰洋汽水、植物小景）；
6. 树的单体；
7. 单色调、冷暖色调（场景练习）；
8. 冷暖色组合（生活场景）；
9. 透视的认知（街边的老房子）；
10. 夜景的表达（场景练习）。

第二学期（32 学时）

1. 大型场景综合表达：澳大利亚悉尼歌剧院；
2. 大型场景综合表达：印度泰姬陵；
3. 大型场景综合表达：俄罗斯瓦西里升天教堂；
4. 大型场景综合表达：埃及金字塔；
5. 大型场景综合表达：意大利罗马斗兽场；
6. 大型场景综合表达：中国故宫；
7. 大型场景综合表达：泰国大皇宫。

第三学期（32 学时）

1. 观察透视的眼睛；
2. 怎样画得更立体（山坡边的小房）；
3. 黑白明暗练习（老家的屋顶、老家周围的房子）；
4. 描绘充满色彩的生活（花草、鸟虫、食品、老房子、人物）；
5. 泰国万佛之国（街景、风景）；
6. 新加坡绿色王国（街景、风景）。

第四学期（32 学时）

1. 构图认知与快速起形训练；
2. 中国铜锅涮肉；
3. 泰国冬阴功汤；
4. 日本寿司；
5. 美国汉堡；
6. 墨西哥塔可；
7. 西班牙海鲜饭；
8. 英国炸鱼薯条；
9. 意大利披萨。

注：任课教师会依据教学进度对每学期授课内容进行调整。

五、 课程考核评价

在上课期间，通过课后布置作业，课前点评作业等方式进行日常考评；学期结束后，通过结业作品交流展示，对学习情况进行综合评价与考核；鼓励学员参加校内外书画作品展，合格后由学校统一发放结业证书。

六、 教材与参考资料

1. 《钢笔淡彩》，李欢、胡笑颖、李宇飞主编，机械工业出版社，2021 年版。
2. 《钢笔淡彩》，张惠卿、黄家荣著，中国美术学院出版社，2021 年版。
3. 任课教师自编讲义。

表演类

文艺

芭 蕾 形 体

一、 课程信息

（一） 课程简介

芭蕾形体课主要是以芭蕾舞的基本动作为训练内容，通过掌握芭蕾开、绷、直、立等特性，使身体各部位发展均衡，姿态优美挺拔，同时在优美的音乐伴奏下，提高乐感、陶冶情操，最终达到舞姿与音乐的完美结合。本课程汇集了掌握形体训练的基础理论性知识和各类基本核心动作，注重培养老年学员的音乐感觉以及对美的感受力和表现力。通过芭蕾舞形体训练，不断提高形体的优美性、规范性，培养协调能力和身体控制力，达到形体塑造、提升气质、陶冶情操、增强体质的目的。

（二） 学制与学时

学制 2 年，4 个学期，每学期 16 周，每周 1 次课，每课 2 学时，共 128 学时。

（三） 课程对象

身体健康、无腰腿关节疾病、热爱舞蹈的离退休人员。

二、 教学目的

通过本课程的学习，学员能够了解芭蕾舞及古典舞方面的风格和音乐特点，掌握形体训练的基本知识、基础动作和简单组合，帮助学员最大限度地延长肢体线条，扩大运动幅度，提高身体在运动中的灵活性、协调性和平衡能力，培养高贵优雅的气质。

三、 教学与方法

根据老年学员的身心特点，遵循因人施教、因材施教、由浅入深、由易到难、循序渐进的教学原则，结合启发性、巩固性、实践性、量力性、渐进性、趣味性等科学地安排教学内容和进度。课程教学主要以示范法、讲解法、练习法和分解法等教学方法为主，充分调动学员的学习积极性，激发想象力、创造力，培养学习兴趣和自信心。通过教师的言传身教，使学员准确掌握芭蕾形体训练的基本方法，建立起良好的芭蕾素养，从心理上理解、认同、喜欢上芭蕾形体，并愿意付出努力从而获得良好的学习效果。引导和鼓励学员勤奋学习、勤奋练习，努力成为一名优秀的舞蹈表演者。

四、 教学内容

第一学期（32 学时）

1. 热身、熟悉，学习舞蹈《下一秒》；
2. 学习正确站姿体态、舞台方位；
3. 学习芭蕾舞手型、基本功和掌握身体肌肉运用；
4. 学习芭蕾舞手位，分段式学习第一段舞蹈；
5. 学习芭蕾舞手位，复习细抠第一段舞蹈的步伐；
6. 学习芭蕾舞手位，分段式学习第二段舞蹈；
7. 学习芭蕾舞脚位，复习第二段舞蹈与延伸配合部分；
8. 学习芭蕾舞脚位，分段式学习第三段舞蹈；
9. 学习芭蕾舞脚位，细抠头部及舞蹈表现时的配合；
10. 学习芭蕾舞脚位，精抠整支舞蹈，掌握舞蹈韵味。

第二学期（32 学时）

1. 热身、熟悉、学习舞蹈《初见》；
2. 学习正确的站姿体态、舞蹈中的正确体态；
3. 学习芭蕾舞手型、手位、脚位、基本功和正确的体态站姿；
4. 学习芭蕾舞天鹅臂，分段式学习第一段舞蹈；
5. 学习芭蕾舞天鹅臂，复习细抠第一段舞蹈的步伐；
6. 学习芭蕾舞天鹅臂，分段式学习第二段舞蹈；
7. 学习芭蕾舞头部配合，复习第二段舞蹈与延伸配合部分；
8. 学习芭蕾舞头部配合，分段式学习第三段舞蹈；
9. 学习芭蕾舞延伸感的掌握，细抠头部及舞蹈表现时的配合；
10. 精抠整支舞蹈，掌握舞蹈韵味。

第三学期（32 学时）

1. 热身、熟悉、学习舞蹈《海那边》；
2. 学习正确的站姿体态、舞蹈中的正确体态；
3. 学习芭蕾舞手位，分段式学习第一段舞蹈；

4. 学习芭蕾舞脚位，分段式学习第二段舞蹈；

5. 学习转的步伐，分段式学习第三段舞蹈，解决难点要点与链接部分；

6. 学习手臂延伸感的加强，分段式学习第四段舞蹈；

7. 学习头部与手臂的延伸配合，分段式学习第五段舞蹈；

8. 学习腿部力量与转的协调加强，分段式学习第六段舞蹈；

9. 学习腿部力量与转的协调加强，细抠头部及舞蹈表现时的配合；

10. 学习腿部力量与转的协调加强，精抠整支舞蹈，掌握舞蹈韵味。

第四学期（32 学时）

1. 热身、熟悉、学习舞蹈《追光者》；

2. 元素教学形体基础，形体体态练习芭蕾手位前三位，分段式学习第一段舞蹈；

3. 元素教学形体基础，形体体态练习芭蕾手位与脚位，分段式细抠第一段舞蹈；

4. 元素教学形体基础，形体体态练习芭蕾手位与脚位，分段式学习第二段舞蹈；

5. 元素教学形体基础，形体体态练习加强腿部控制力，分段式学习第三段舞蹈；

6. 元素教学形体基础，形体体态练习加强腿部控制力，分段式学习第四段舞蹈；

7. 元素教学形体基础，形体体态练习加强腰部控制力，分段式学习第五段舞蹈；

8. 元素教学形体基础，形体体态练习加强腰背、腿部控制力，分段式学习第六段舞蹈；

9. 元素教学形体基础，形体体态练习加强腰、背、腿、手臂控制力，分段式学习第七段舞蹈；

10. 精抠整支舞蹈，掌握舞蹈韵味。

注：任课教师会依据教学进度对每学期授课内容进行调整。

五、 课程考核评价

本课程强调舞蹈综合实践能力展示。在学期末，组织开展学习成果汇报展示活动，合格后由学校统一发放结业证书，鼓励学员参加社会公益演出和比赛。

六、 教材与参考资料

参照专业院校及相关高校舞蹈教材，由任课教师根据水利部老年大学学员的特点自编舞蹈教材和音像资料教学。

民 族 民 间 舞

一、课程信息

（一）课程简介

民族民间舞是我国传统舞蹈艺术的源泉，它的形式和内容直接反映了各民族劳动人民的生活特征和文化气质。民族舞蹈不仅是一种肢体运动，还是力与美的结合。本课程汇集了藏族、蒙古族、维吾尔族和汉族等舞蹈的基础知识，注重老年学员对民族舞蹈基本舞步、风格特点、文化内涵以及表现力的学习掌握，能够提高学员身体的协调能力，培养审美意识，促进外在形体运动的协调和内在精神气韵的和谐，达到强身健体、愉悦身心、陶冶情操的目的。

（二）学制与学时

学制 2 年，4 个学期，每学期 16 周，每周 1 次课，每课 2 学时，共 128 学时。

（三）课程对象

身体健康、无腰腿关节疾病、热爱舞蹈的离退休人员。

二、教学目的

通过本课程的学习，学员能够了解民族舞蹈的基本动律和风格特点，掌握民族舞蹈的基本体态、舞姿、动作和技巧，加强对民族音乐的理解，激发习舞的兴趣，培养生活情趣，增强身体各部位运动幅度、速度、灵活性和稳定性，提高欣赏美、鉴赏美和创造美的能力，提升个人气质，促进身心健康，积累舞蹈素材，具备参与表演完整民族舞蹈节目的能力素质。

三、教学原则与方法

结合老年学员的身心特点，遵循因材施教、循序渐进、科学严谨、理论与实践相结合等教学原则，采取讲解法、示范法、分解法、互动法、实践法等方法开展教学。注重舞蹈训练的步骤规则，以最基础的舞蹈知识和最简单的舞蹈动作为主，讲透动作要领，提高学员舞蹈的节奏感、韵律感、协调性和柔美度。注重营造宽松和谐的学习环境，加强师生之间的互动、互励，教师从不同角度反复示范，对重点难点单独练习，激发学员的学习热情和自信心，加强学员对舞蹈动作特征的领悟力。注重运用多媒体设备开展教学，舞蹈种类、动作组合、舞蹈作品由教师根据学员实际情况自选舞种、自定曲目，自行编排，使学员在领略民族舞蹈魅力的同时强身健体，提高审美情趣和艺术修养。

四、教学内容

第一学期（32 学时）

1. 活动组合；
2. 古典舞基本手位、手型；
3. 勾绷脚训练；
4. 脚位组合；
5. 手臂训练组合；
6. 藏族舞概述，基本体态、动律特点；
7. 屈伸组合；
8. 颤膝组合；
9. 踢踏组合；
10. 学习藏族舞《卓玛》，掌握藏族舞蹈纯朴厚重的韵味。

第二学期（32 学时）

1. 古典舞手位组合；
2. 蒙古族民间舞蹈概述，基本体态、动律特点；
3. 基本手位、脚位；
4. 柔臂组合；
5. 胸背组合；
6. 马步组合；
7. 学习蒙古族舞《鸿雁》，掌握蒙古族舞蹈的风格特点。

第三学期（32 学时）

1. 活动组合；
2. 提沉组合；
3. 手眼组合；
4. 横移组合；

5. 步伐训练；

6. 维吾尔族民间舞概述，基本体态、动律特点；

7. 基本手型，步伐训练；

8. 三步一踢组合；

9. 学习维吾尔族舞蹈《古丽》，在训练中强化手、眼、步伐的灵活配合。

第四学期（32学时）

1. 古典舞基本手位组合；

2. 古典舞舞姿组合；

3. 圆场组合；

4. 花梆步组合；

5. 身韵元素训练（提、沉、冲、靠、含、仰）；

6. 东北秧歌体态、动律的学习；

7. 东北秧歌前踢步、交替花的学习；

8. 学习东北秧歌《小看戏》，掌握东北秧歌特有的"俏""艮"的风格特点。

注：任课教师会依据教学进度对每学期授课内容进行调整。

五、 课程考核评价

本课程强调舞蹈综合实践能力展示。在学期末，组织开展学习成果汇报展示活动，合格后由学校统一发放结业证书，鼓励学员参加社会公益演出和比赛。

六、 教材与参考资料

参照专业院校及相关高校舞蹈教材，由任课教师根据水利部老年大学学员的特点自编舞蹈教材和音像资料教学。

中国古典舞身韵

（一） 课程简介

中国古典舞身韵由神韵和韵律结合而来，随着中国古典舞不断发展，中国古典舞身韵已经发展成了一门相对完整的课程。对身韵的训练主要是从呼吸、连贯性以及审美的角度出发，从而使古典舞训练变得更加科学、美观。身韵元素的训练，不仅可以帮助老年学员更好地表达人物情感、传达意象意境，还能提升学员的元素运用能力、呼吸运用能力以及技法韵律融合能力，增强古典舞的审美意识和艺术鉴赏力。

（二） 学制与学时

学制 2 年，4 个学期，每学期 16 周，每周 1 次课，每课 2 学时，共 128 学时。

（三） 课程对象

身体健康、无腰腿关节疾病、热爱古典舞蹈的离退休人员。

二、 教学目的

通过本课程的学习，学员能够了解中国古典舞蹈的基本要领，掌握提、沉、冲、靠、含、腆、移几大律动元素的独特风格特点以及训练的四大要素"形、神、劲、律"。通过学习理解古典舞身韵的风格特征，准确熟练掌握气息、力量以及意念的配合，培养舞蹈的肢体语言、感情体验与表达和谐一致的能力，逐步提高自身舞蹈动作的节奏感、协调性、灵活性、柔韧性和优美感，使学员不断提高舞蹈动作的表现力，在古典舞表达中找到属于自己的训练节奏，并逐渐形成自己的舞蹈风格。

三、 教学原则与方法

遵循老年学员的身心特点，遵循启发性、渐进性、系统性以及科学性与趣味性相结合的原则，采取讲解法、示范法、练习法、分解法和拍摄自纠法等方法开展教学。在教学中注重鼓励学员，调动学习主动性，激发学习兴趣，保持自信心。注重实践能力和创造意识的培养，将分组练习和个别辅导相结合，通过反复练习，提高舞蹈领悟力和表现力，努力实现形神兼备、身心并用以及内外统一。

四、教学内容

第一学期（32学时）

1. 活动组合；

2. 头位颈部训练组合；

3. 指法组合；

4. 摊推组合；

5. 中间部分（基本手位）；

6. 古典舞手位组合；

7. 学习舞蹈《风筝误》，展现古典舞的身姿和体态。

第二学期（32学时）

1. 活动组合；

2. 勾绷脚组合；

3. 擦地组合；

4. 蹲组合；

5. 小踢腿组合；

6. 小弹腿组合；

7. 压腿；

8. 踢腿；

9. 身韵元素训练；

10. 学习舞蹈《知否知否》，增强腿部力量和身体的协调性，在单一元素的基础上加大舞蹈动作的复杂性和变化性。

第三学期（32学时）

1. 活动组合；

2. 擦地组合；

3. 蹲组合；

4. 手眼组合；

5. 提沉组合；

6. 冲靠组合；

7. 横移组合；

8. 学习舞蹈《采薇》，加强身体的协调性和稳定性，各身韵元素中融入不同的动作路线和方向。

第四学期（32 学时）

1. 活动组合；
2. 半脚尖训练；
3. 小踢腿组合；
4. 大踢腿组合；
5. 腰组合；
6. 步法组合；
7. 身韵组合；
8. 学习舞蹈《牡丹亭》，掌握舞蹈道具的使用方法和技巧。

注：任课教师会依据教学进度对每学期授课内容进行调整。

五、 课程考核评价

本课程强调舞蹈综合实践能力展示。在学期末，组织开展学习成果汇报展示活动，合格后由学校统一发放结业证书，鼓励学员参加社会公益演出和比赛。

六、 教材与参考资料

参照专业院校及相关高校舞蹈教材，由任课教师根据水利部老年大学学员的特点自编舞蹈教材和音像资料教学。

拉 丁 舞

一、课程信息

（一） 课程简介

拉丁舞是流行于拉丁美洲的民间舞，它集艺术性、竞技性、表演性和健身性为一体，包含伦巴、恰恰、桑巴、牛仔和斗牛五个舞种。拉丁舞的舞姿表现缠绵、深情，舞步婀娜多姿，风格优美、抒情，充满浪漫情调。拉丁舞被国家体育总局列为全民健身活动之一，并因其随意、休闲、放松的特点，深受老年学员喜爱。拉丁舞在高雅音乐的伴奏下，以优美的艺术舞姿为表现形式的一种体育运动，对学员身体素质、心理素质的全面健康发展具有积极的意义，有益于增强身体各关节的灵活性、头脑的敏锐性，动作与音乐节奏感的协调性，延年益寿，愉悦身心。

（二） 学制与学时

学制 2 年，4 个学期，每学期 16 周，每周 1 次课，每课 2 学时，共 128 学时。

（三） 课程对象

身体健康、无腰腿关节疾病、热爱拉丁舞的离退休人员。

二、教学目的

通过本课程的学习，学员能够了解拉丁舞的起源和舞种分类、准确把握各个舞种的音乐韵律节奏和各种舞蹈的不同风格特征，掌握其基本动作要领、方法技巧与花样组合形式，提高对舞蹈风格与音乐的掌控能力，改善不良身体形态，增强体质，增进健康，培养审美意识，提升文化艺术品位。

三、教学原则与方法

根据老年学员的身心特点，遵循因材施教、循序渐进、突出重点、教学相长、注重实践等教学原则，采取逻辑讲述法、启发诱导法、示范演示法、沟通激励法等方法开展教学。注重以舞蹈理论指导舞蹈实践，用科学严谨的教学态度，准确揭示各舞蹈动作的本质特征和技术要领。注重以学员为本，从提高学员学习兴趣入手，启发引导，尊重学员，适度减缓音乐速度，控制舞蹈动作幅度、力度、难度及运动量，由浅入深，量力而行。注重言传身教，教学动作分解详细、示范准确规范、讲解简单明了，同时采用持续滚动式教学，反复练习，加深学员对舞蹈风格与音乐统一的理解，巩固提高学习效果。

四、教学内容

第一学期（32 学时）

1. 了解伦巴舞的起源历史、律动、移动；

2. 伦巴舞基本元素练习：站位、身体移动、身体摆动、身体扭动、身体律动，身体横膈膜和胯部动作技巧配合；

3. 伦巴舞指定步伐的学习：时间步、方形步、基本步、纽约步、定点转、滑门步；

4. 伦巴舞组合及初级套路，学习拉丁舞的身体姿态及基本元素和动作，以及身体胯部的拧转及手臂的配合关系。

第二学期（32 学时）

1. 了解恰恰舞的起源与发展，恰恰舞的基本知识、音乐特点、舞步特点与风格；

2. 学习基本站立姿势与交手方法，基本站位、体态、闭式位和开式位的握持；

3. 恰恰舞基本元素练习：站位、身体移动、身体摆动、身体扭动、身体律动，身体横膈膜和胯部动作技巧配合；

4. 恰恰舞的移动：前进后退基本步、方形步；

5. 恰恰舞指定步伐的学习：纽约步、定点转、手接手；

6. 恰恰舞组合及初级套路，学习恰恰舞动作节奏与动作方法。

第三学期（32 学时）

1. 了解桑巴舞的起源与发展；

2. 桑巴舞的基础知识：身形、律动、重心；

3. 桑巴舞指定步伐的学习：原地桑巴、威斯克、侧行走步、博塔弗戈、垫步、定点转；

4. 桑巴舞组合及初级套路，训练身体中段柔韧性和协调性，表情生动、表演具有吸引力和感染力。

第四学期（32 学时）

1. 了解牛仔舞的基本知识、弹动、基本步；

2.牛仔舞指定步伐的学习：绕转步、登山步、美式旋转、右至左向换步、左至右向换步、背后换手、尖跟掌转步、并进扭臂步、鸡形步；

3.牛仔舞组合及初级套路；

4.了解斗牛舞的身形、手形、风格特点；

5.斗牛舞指定步伐的学习：右追步、左追步、八步；

6.斗牛舞组合及初级套路，准确表达身体节奏，表现出潇洒、帅气与阳刚之气。

注：任课教师会依据教学进度对每学期授课内容进行调整。

五、 课程考核评价

本课程强调拉丁舞综合实践能力展示。在学期末，组织开展学习成果汇报展示活动，合格后由学校统一发放结业证书，鼓励学员参加社会公益演出和比赛。

六、 教材与参考资料

参照专业院校及相关高校拉丁舞教材，由任课教师根据水利部老年大学学员的特点自编拉丁舞教材和音像资料教学。

模 特 表 演

一、课程信息

（一）课程简介

　　模特表演是集艺术性、表演性、竞技性于一体的综合性艺术表演形式，既展示了人体的姿态美和韵律美，又体现了内在的心灵美和性格美。老年模特课程随着时代的进步得到了快速发展，越来越多的老年学员希望在老年依旧拥有挺拔的身姿与气质，并且能够在舞台上展示自己，培养审美品位。本课程主要通过进行基础辅助训练和讲授行走、转体、定位、表情的技巧方法，帮助学员优化体态、协调四肢、提升气质、增强自信，让学员掌握基本的表演技术和表演套路，使形体、服装、音乐、表演相融合，充分展示精神风貌，促进身心健康，加强社交礼仪修养，提升综合素质和表现力。

（二）学制与学时

　　学制 2 年，4 个学期，每学期 16 周，每周 1 次课，每课 2 学时，共 128 学时。

（三）课程对象

　　身体健康、热爱模特表演的离退休人员。

二、教学目的

　　通过本课程的学习，学员能够了解模特表演的基本知识，学习模特表演的基本步态、造型、定位和转身动作要领，掌握不同服装、道具的表演技巧和表演套路。在加强基本功训练的同时，提高学员肢体语言的协调能力，培养舞台表现能力和对时尚的审美能力，增强组织策划和编排能力，进而提升形象气质，强身健体、陶冶情操、愉悦身心，达到健康、快乐、自信的目的。

三、教学原则与方法

　　根据老年学员的身心特点，遵循直观性、量力性、巩固性、发展性的原则，采取讲授法、示范法、实践法、情境法和分解法等方法开展教学。注重循序渐进，按照教学内容的深浅程度和学员的接受能力，由浅入深、耐心引导，抓住教材的重点和难点，把基础训练以及难点和重点的动作要领讲清楚，使学员逐步掌握动作。注重示范教学，充分发挥教师的主导作用，把示范与演练相结合，集体教学与个别辅导相结合，形体训练与整体排练相结合，激发学员学习的兴趣。注重展示与交流，通过变换乐曲形式、组织展演活动，为学员搭建展示自我的平台，培养学员的韵律感和表现力，提高学员的自信心和积极性。

四、 教学内容

第一学期（32 学时）

1. 基础理论知识：老年模特表演的起源与发展、类型与风格；

2. 基本体态纠正、掌握规范站姿；

3. 身体各部位练习：脚部、腿部、上肢、腰胯、肩颈、手指和手腕的协调灵活训练以及表情练习；

4. 走台技术训练：一字步练习、慢步练习；

5. 基本造型练习：出场、十二点位造型、下场；

6. 基本转体训练：90 度转、180 度转；

7. 基本乐感训练；

8. 单人表演训练。

第二学期（32 学时）

1. 身体韵律训练：身韵、气韵；

2. 快步的动作要领；

3. 基本造型练习：正三点位造型、45 度造型、衔接练习；

4. 基本转体训练：360 度转；

5. 不同音乐风格练习：中速、快速、慢速；

6. 双人、三人、多人小组合训练。

第三学期（32 学时）

1. 手眼身法韵律练习；

2. 快步组合练习；

3. 基本转体训练：各种转体的连贯练习；

4. 不同款式服装的展示练习：时装、休闲服、职业装、旗袍、礼服等；

5. 学习多人表演套路：6 人、8 人、12 人、24 人。

第四学期（32 学时）

1. 综合基本训练：体态、步履、举止、眼神、表情等；

2. 道具运用训练：外套、包、珠宝、眼镜、扇子、伞等；

3. 不同款式服装的展示练习：民族服装、华服；

4. 综合表演性组合及队形变化；

5. 学习创作表演套路。

注：任课教师会依据教学进度对每学期授课内容进行调整。

五、 课程考核评价

本课程强调模特表演的综合实践能力展示。在学期末，组织开展学习成果汇报展示活动，合格后由学校统一发放结业证书，鼓励学员参加社会公益演出和比赛。

六、 教材与参考资料

参照专业院校及相关高校服装表演教材，由任课教师根据水利部老年大学老同志的特点自编、自选音乐资料教材教学。

声　乐

一、课程信息

（一）课程简介

声乐是以科学的发声方法为基础，以优美动听的歌声塑造歌曲的艺术形象，表达其思想感情的一种音乐艺术。本课程集艺术性、技术性和实践性于一体，重点讲授音乐基础知识、声乐基本理论和正确的发声方式，学习歌唱技巧和舞台表演能力。声乐教学有助于老年学员抒发感情和调整情绪，提高演唱水平和艺术修养，丰富精神生活，促进身心健康。

（二）学制与学时

学制 3 年，共 6 个学期，每学期 16 周，每周 1 次课，每课 2 学时，共 192 学时。

（三）课程对象

身体健康、热爱歌唱艺术的离退休人员。

二、教学目的

通过本课程的学习，学员能够了解声乐基本理论和舞台演唱知识，掌握基本的呼吸、发声、共鸣、吐字等歌唱方法和技能技巧，建立正确的声音概念，增强音乐素质，提高听音能力、视唱能力、作品分析能力和表现能力。通过对音乐作品情绪、格调、人文内涵的感受和理解，培养学员热爱祖国灿烂文化的思想感情，陶冶情操，提升对歌唱艺术的审美和鉴赏能力。

三、教学原则与方法

根据老年学员的身心特点，遵循因材施教、循序渐进、精讲多练、理论联系实际的原则，采用讲授法、情境法、示范法、练习法、视唱法等方法开展教学。注重尊重和激励学员，营造民主、平等的学习氛围，使学员心情放松、愉悦，增强学习声乐的积极性和自信心。注重以人为本，根据学员对演唱歌曲掌握程度的不同和声音特点的不同，有计划、有步骤地训练学员的声音技巧，挖掘学员的演唱特色。坚持启发引导，既重视学员基本功的练习，又注重歌曲的情感表达，科学训练演唱的准确性和生动性，培养学员对音乐演唱歌曲的联想、分析、体会和表现歌曲演唱的能力。

四、 课程安排

第一学期（32 学时）

1. 视唱及乐理知识：初识简谱、音高的概念，高音、中音、低音及三者之间的音高关系，音的长短，二分音符、四分音符，力度记号、初级节奏训练，初级简谱视唱训练；

2. 声音训练：歌唱的状态，歌唱中的呼吸、换气方法（小狗喘气呼吸法、闻花式换气法），找到三腔（头、胸、腹）共鸣；

3. 本学期声乐作品：《送别》《把一切献给党》《在水一方》《花非花》《鸿雁》《大海啊，故乡》6 首作品。

第二学期（32 学时）

1. 视唱及乐理知识：继续学习认识简谱，准确音高（1＝C），八分音符、十六分音符及组合节奏、附点、延音记号，三连音，进阶节奏训练，进阶简谱视唱练习；

2. 声音训练：歌唱的口型，歌唱的喉咙状态（放松、打开喉咙），气息的稳定，高音区的声音位置，规范歌唱的发音、吐字；

3. 本学期声乐作品：《玫瑰三愿》、《生死相依我苦恋着你》、《可爱的一朵玫瑰花》、《怀念曲》、《Caro Mio Ben》（意大利歌曲：《我亲爱的》）、《祖国不会忘记》6 首作品。

第三学期（32 学时）

1. 视唱及乐理知识：继续学习认识节奏符号，休止符、切分音，力度记号、调性符号，学习认识几种调性（升调、降调、大调音阶、小调音阶），学习节拍与速度符号、调号、反复记号，掌握有一定难度的节奏训练及简谱视唱练习；

2. 声音训练：真假声的灵活运用，进一步找到三腔共鸣，规范歌唱的发音、吐字；

3. 本学期声乐作品：《长江之歌》《月之故乡》《喀秋莎》《滚滚长江东逝水》《我和我的祖国》《玛依拉》6 首作品。

第四学期（32 学时）

1. 视唱及乐理知识：学习识别音乐的节拍与速度、速度与音乐表现的关系，学会根据不同的作品分析正确的速度，音程的概念，二度、三度音程构唱，进阶的节奏训练及简谱视唱练习；

2. 声音训练：继续进行呼吸训练，体会快吸快呼和快吸慢呼两种呼吸方法，中音区的声音位置；

3. 本学期声乐作品：《教我如何不想他》、《红豆词》、《乘着歌声的翅膀》、《渴望春天》（合唱）、《小河淌水》、《乡音、乡情》6 首作品。

第五学期（32 学时）

1. 视唱及乐理知识：和弦的概念、三和弦、七和弦，尝试听音辨别三和弦的音高，继续学习调式的概念，听音分辨大调与小调，高阶节奏训练及简谱视唱练习，简单的听辨力训练；

2. 声音训练：训练用气息控制声音的方法，确保声音气息连贯稳定，高音区的声音位置；

3. 本学期声乐作品：《眷恋》《珠穆朗玛》《儿行千里》《我爱你，塞北的雪》《吐鲁番的葡萄熟了》《枉凝眉》6 首作品。

第六学期（32 学时）

1. 视唱及乐理知识：半音、旋律的概念，简单的旋律分析，高阶节奏训练及简谱视唱练习，简单的听辨力训练，从调式、速度、旋律等方面对音乐作品进行简单的分析。

2. 声音训练：利用作品训练，引导学员理解歌曲意境，尝试通过对声音的控制演绎不同的作品意境，体会以情带声、声情并茂的演唱技巧。

3. 本学期声乐作品：《弯弯的月亮》《索尔维格之歌》《梭罗河》《夏日泛舟海上》《在银色的月光下》《乌苏里船歌》6 首作品。

注：任课教师会依据教学进度对每学期授课内容进行调整。

五、 课程考核评价

本课程强调声乐表演的综合实践能力展示。在学期末，组织开展学习成果汇报展示活动，合格后由学校统一发放结业证书，鼓励学员参加社会公益演出和比赛。

六、 教材与参考资料

1.《简谱乐理知识（修订本）》，李重光编著，人民音乐出版社，1981 年版。

2.《歌唱的方法》，薛良著，中国文联出版公司，1997 年版。

3. 参照专业院校及相关高校声乐教材，由任课教师根据水利部老年大学学员的特点自编声乐教材和音像资料教学。

京剧表演（花旦）

一、 课程信息

（一） 课程简介

京剧是中国的国粹艺术。花旦是中国戏曲中旦角的一种，主要扮演性格活泼明快或泼辣独立的青年或中年女性。花旦的表演风格要求敏捷、伶俐，舞蹈动作优美，强调眼神的运用。本课程主要讲授花旦的演唱技巧和身段训练，精选京剧名家名腔名段进行教学、练习、赏析，培养老年学员的唱、念、做、表综合能力，提高国粹艺术修养和鉴赏水平，陶冶情操，丰富晚年生活，进而承继和弘扬国粹艺术，感受国粹魅力。

（二） 学制与学时

学制 3 年，6 个学期，每学期 16 周，每周 1 次课，每课 2 学时，共 192 学时。

（三） 课程对象

具有一定学习基础、了解京剧的基本知识、对京剧艺术感兴趣的离退休人员。

二、 教学目的

通过本课程的学习，学员能够加深对京剧基础理论的认知，熟悉京剧花旦的表演技巧，了解并学唱京剧花旦的唱腔，掌握字韵知识和运腔技巧以及"手、眼、身、法、步"基本功法。培养学员对京剧艺术的感知与欣赏能力，提高对戏曲演唱的表现能力，提升自身艺术修养，促进身心健康，丰富精神生活。

三、 教学原则与方法

根据京剧表演艺术教学规律和老年学员的身心特点，遵循因材施教、循序渐进、量力性和直观性原则，采用示范法、情境法、实践法、展示法等教学方法，通过口传心授或播放影音视频等形式，让学员感知教学曲目、掌握教学内容。注重精讲多练、反复示范，身段训练和唱段学唱以教师示范、学员学唱的方式进行，加强学员在演唱中的吐字归韵、发声、发音等诸方面的训练，帮助学员打牢基础，解决学习中遇到的问题。注重师生互动，充分调动学员的积极性和主动性，增强自信心，激发学习兴趣，提高京剧表演艺术的技术技巧与专业技能。

四、 教学内容

第一学期（32 学时）

1. 学习十三辙，练习吐字、咬字，掌握归韵收音；
2. 学习《廉锦枫》唱段，注重小嗓的练习和发声；
3. 学习《廉锦枫》的身段和动作表演；
4. 学习《太真外传》唱段，区分唱词里的尖团字；
5. 学习《太真外传》的身段和动作表演。

第二学期（32 学时）

1. 复习《廉锦枫》唱段和身段表演；
2. 学习旦角脚步和圆场；
3. 学习《廉锦枫·刺蚌》剧目唱段；
4. 学习"马趟子"动作；
5. 学习"长水袖"组合。

第三学期（32 学时）

1. 学习《天女散花》导板、慢板和念白，练习京剧的发声：喊嗓子、十三辙、吐字咬字、行腔的细节和收音；
2. 学习《天女散花》"二六"选段，练习吐字咬字、拖腔和气息，注意行腔柔美；
3. 学习《天女散花》带伴奏演唱，注意找准节奏和换气口；
4. 学习《天女散花》的身段和绸子表演。

第四学期（32 学时）

1. 复习《天女散花》整个唱段；
2. 走台步、跑圆场，练习《天女散花》表演当中的身段和指法；
3. 练习《天女散花》中的耍绸子花，绸子与身段、指法相结合，体现出柔美仙气的感觉；
4. 加入伴奏练习《天女散花》整段表演；
5. 《天女散花》载歌载舞，练习气息、气口，演唱时轻松沉稳。

第五学期（32 课时）

1．（8 寸）折扇组合：折扇拿法以及开扇、合扇；

2．练习青衣台步、花旦台步，步法区别两个行当的不同表演风格，运用到折扇组合里；

3．折扇表演运用腰部和气息的练习，舞扇的身段和手法的运用；

4．学习扇子组合 5～7 个动作；

5．复习扇子组合动作，学习 5～7 个新的动作；

6．整体连贯复习扇子组合动作。

第六学期（32 课时）

1．学习《霸王别姬》"劝君王饮酒听虞歌"唱段，划分出尖团字；

2．复习《霸王别姬》唱段，注意咬字、归韵和落音；

3．学习《夜深沉》舞剑，双剑的拿法和剑指运用，以及如何耍好剑花；

4．练习跑圆场、走台步，复习舞剑的所有动作；

5．复习整段《霸王别姬》唱段和舞剑身段；

6．抠细节唱段和舞剑动作；

7．汇报演出。

注：任课教师会依据教学进度对每学期授课内容进行调整。

五、 课程考核评价

本课程强调京剧花旦表演的综合实践能力展示。在学期末，组织开展学习成果汇报展示活动，合格后由学校统一发放结业证书，鼓励学员参加社会公益演出和比赛。

六、 教材与参考资料

由任课教师自编、自选京剧名段资料作为教材教学。

朗　诵

一、课程信息

（一）课程简介

　　朗诵属于有声语言艺术，是朗诵者在理解、感受文学作品的基础上，通过有声语言表情达意，再现作者思想感情的创造过程。本课程主要包括语音发声、表达技巧、作品表演等，通过理论讲授与实际训练相结合的教学方式，使老年学员由浅入深地领会和掌握语言艺术系统理论，并在教师的具体指导下，能够有效地调控自身语言技能，逐步掌握诵读技巧，提高艺术感知能力和实际创作能力，愉悦精神生活，能够较为熟练地处理和表达朗诵艺术作品。

（二）学制与学时

　　学制 2 年，4 个学期，每学期 16 周，每周 1 次课，每课 2 学时，共 128 学时。

（三）课程对象

　　具有一定文化程度、喜爱语言艺术和朗诵的离退休人员。

二、教学目的

　　通过本课程的学习，学员能够掌握朗诵基本知识和方法，提高朗诵技巧水平和艺术修养，提升语言表达和舞台表现能力，加强对各类朗诵作品的理解和驾驭能力，增强语言的表达性和观赏性，陶冶情操，丰富精神生活。

三、教学原则与方法

　　根据老年学员的身心特点，遵循因材施教、由浅入深、与时俱进的原则，采用讲授法、示范法、练习法、展示法等方法开展教学。教学中注重启发引导，将讲授原理、剖析讲解、教师示范和学员练习相结合，强化对语言表达意识及技能的培养，尤其对语言、声音等进行训练引导，充分发挥教师的主导作用和学员的主体作用。注重循序渐进，打牢基础，练好普通话的声、韵、调；强化训练，练好朗诵的情、声、气；逐步提高，全面把握登台表演，展现容、体、貌。注重运用多媒体教学手段，使教学更加形象生动，结合名家作品赏析，增加教学内容的直观性和趣味性。注重教学互动，做好教学点评，开展交流切磋，有鼓励、有鞭策，激发老年学员的学习主动性和积极性，营造良好的教学氛围。

四、教学内容

第一学期（32 学时）

1. 基本功训练：吐字归音、用气发声、绕口令；

2. 学习现代诗歌《乡愁》，把握邮票、船票、坟墓、海峡 4 种特殊意象，结合自身生活体验感受诗人的感情；

3. 学习现代诗歌《致橡树》，把握诗中的语言风格和表现手法；

4. 学习古代作品《悯农》《夜雨寄北》《清明》《虞美人》《春江花月夜》《潼关怀古》，把握语气的运用，掌握语句行进的趋向和态势；

5. 学习古代作品《人日思归》《题菊花》《长相思》，把握语势的连接，从诗句的句首、句腹、句尾起点、波形和落点上体会和把握其差别；

6. 学习现代诗歌《相信未来》，分析作品，把握基调；

7. 学习现代诗歌《英雄》，把握语势、语态、停连节奏重音的变化；

8. 学习散文《海燕》，把握散文的基调，处理好快与慢、刚与柔、低与高的关系；

9. 学习散文《荷塘月色》，把握叠音字的强调和重音的变化；

10. 学期汇报展示。

第二学期（32 学时）

1. 学习古代诗歌《钗头凤》《月下独酌》，根据思想感情的变化，加以强化处理；

2. 学习抒情诗《如果有那样一个黄昏》，注重内部技巧的表达；

3. 学习抒情诗《以梦为马》，把握层层推进的表达方式；

4. 学习书信《傅雷家书》《萧红写给弟弟张秀珂》，把握口语化的表达方式，有交流感；

5. 学习诗歌《老人与海》，把握情感的基调，掌握停顿和连贯技巧；

6. 学习散文《当我老了》，以第一人称的角度表达亲切、自然、真实之感；

7. 学习现代诗歌《我的墓碑》，把握语势、语态、停连节奏重音的变化；

8. 学习诗歌《背影》，侧重于人物内心和行动的刻画，感情深沉含蓄；

9. 学习散文《永远的第十一位教师》，通过再造想象与联想形成内心视像，做到心到、口到；

10. 学习诗歌《不朽》，注重外部技巧的体现；

11. 学期汇报展示。

第三学期（32 学时）

1. 学习经典散文诗《我爱这土地》《假如生活欺骗了你》，运用想象，体会语句色彩，入情入境；

2. 学习现代诗歌《天上的草原》，运用眼到、心到、口再到的表达技巧；

3. 学习散文诗《屈原颂：生死交响》，注重内在情感的表达；

4. 学习古代作品《陋室铭》，掌握古代作品的表达技巧；

5. 学习情景诗《金色鱼钩》，分析作品、把握基调；

6. 学习现代诗歌《青春中国》，把握语势、语态、停连节奏重音的变化；

7. 学习原创情景诗《跨越时空的对话》，按角色排演；

8. 学习散文诗《生命幻想曲》，感之于外，受之于心；

9. 学习诗歌《中国话》，注重外部技巧的处理；

10. 学期汇报展示。

第四学期（32 学时）

1. 学习散文《山雨》，注重段落之间的转折与情感的增减转换；

2. 学习散文《朋友和其他》，以语缓气舒为主，气息绵长，用声松弛，要有讲述感；

3. 学习诗歌《祖国万岁》，把握整体节奏和配乐配合，分组进行多人朗诵；

4. 学习散文《秋天的怀念》，体会字里行间的细腻情感，把握时间的推移与情感的变化；

5. 学习诗歌《愚公移山》，把握气息运用，注意高音与低音的平稳过渡，进行单人或双人朗诵；

6. 学习纪录片解说《美丽中国》，掌握关于解说的基础知识，感受纪录片解说语境，注意吐字发音的准确；

7. 学习小说《密电风云》，掌握带有故事情节类型文章的朗诵技巧，进行有情景感的讲述；

8. 学习爱国主义作品《红色的共产党》，充分调动内心的自豪感，分组进行多人朗诵；

9. 学习爱国主义作品《党旗颂》，注重保持饱满的爱国热情，做到抑扬顿挫的自然过渡；

10. 学期汇报展示。

五、 课程考核评价

本课程强调朗诵表演的综合实践能力展示。在学期末，组织开展学习成果汇报展示活动，合格后由学校统一发放结业证书，鼓励学员参加社会公益演出和比赛。

 六、 教材与参考资料

1. 《语音发声》，王璐、吴洁茹编著，中国传媒大学出版社，2019 年版。
2. 《诗歌朗诵技巧》，李红岩著，中国广播电视出版社，2012 年版。

演奏类

器乐

电 钢 琴

一、 课程信息

（一） 课程简介

电钢琴，也叫"数码钢琴"，是键盘乐器的一种，更是现代电子乐器的一个分支。由于电钢琴共有 88 个标准钢琴键盘，并具有电子琴与电子合成器的功能，所以电钢琴艺术表现力非常丰富，具有简单易学、锻炼手脑协调性等优点，有益于激发老年学员学琴的兴趣。本课程汇集了基础乐理知识、电钢琴的弹奏方法和触键技巧等内容，以带领学员了解更多的电钢琴音色、性能，使其达到独立演奏、合奏和视奏的效果，进而提高音乐表现力和音乐审美能力。

（二） 学制与学时

本课程按初级班、中级班和高级班设置。

初级班：学制1年，2个学期，每学期16周，每周1次课，每课2学时，共64学时。

中级班：学制1年，2个学期，每学期16周，每周1次课，每课2学时，共64学时。

高级班：学制1年，2个学期，每学期16周，每周1次课，每课2学时，共64学时。

（三） 课程对象

初级班面向零基础，身体健康，对电钢琴、东西方乐曲和相关乐理知识有兴趣的离退休人员。

中级班面向初级班结业的学员，或有基础的乐理知识、能熟练识读五线谱、掌握各种节奏型、掌握各种音乐术语等并具有一定乐曲积累的离退休人员。

高级班面向中级班结业的学员，或能够快速认识五线谱、各种节奏型等乐理知识并具有一定乐曲积累的离退休人员。

二、 教学目的

通过初级班的学习，学员能够正确区别钢琴、电子琴和电钢琴，选择适合自己的电钢琴型号，并对手型、乐谱、调式和节奏有初步了解，掌握基本的乐理知识。

通过中级班的学习，学员能够对基本的调式调性有一定的了解，并且能够较快地视奏简单的乐曲。

通过高级班的学习，学员能够熟练掌握各种调式、节奏型和音乐术语，最后达到独立演奏或者合奏的水平。

三、 教学原则与方法

根据老年学员的身心特点，遵循先易后难、循序渐进、示范教学、因材施教和精讲多练的原则，运用讲授法、演示法、练习法和反馈激励法等方法开展教学。配置先进教学设备，进行视频同步示范教学，并将乐理讲解、技巧训练和乐曲弹奏相结合，使学员扎实地掌握电钢琴的基础知识和弹奏技能；突出重点和难点的强化训练，采取阶段性复习的方式巩固教学效果；在统讲统教的前提下，视学员的接受能力灵活对待，适当调整教学进度，多鼓励、多巡堂、多实践，调动学员学习的主动性和积极性，引导学员领会音乐语汇和内涵，提升音乐素养，提高音乐表现力。

四、 教学内容

（一） 初级班

第一学期（32 学时）

1. 认识五线谱、高音谱号、低音谱号、加线加间、中央 c、小节线、终止线、拍号、音符唱名音名和各种拍值的写法；

2. 了解电钢琴的音色选择区、节奏选择区以及键盘上 5 个音符的位置，规范演奏姿势，掌握手指要求和断奏方法；

3. 学习练习曲《四段绳》，在演奏过程中要注意大声唱谱数拍子、每个音符的独立性以及落键的力度；

4. 学习练习曲《安徽民歌》，掌握相同音符的演奏方法和左手练习；

5. 学习练习曲《内蒙民歌》，掌握四拍子乐曲在演奏时的不停顿性以及强、弱、次强、弱的节奏模式，加强左手练习，学习双手配合；

6. 复习前 5 节课所学习的内容，要求右手的旋律流畅，左手的和弦准确，听辨节奏型；

7. 学习练习曲《河边对口曲》，掌握八分音符的练习以及连奏时的高抬指要求，练习手指的独立性，了解指尖触键的重要性；

8. 学习练习曲《乌克兰民歌》，掌握超过五音音域的指法方法，学习指法的编配以及所要遵循的规律，相同音符断开，不同音符要连贯；

9. 学习练习曲《打夯歌》，加入左手练习频繁出现的重音；

10. 练习曲《嘎达梅林》，掌握一个八度的音阶指法；

11. 复习所学习内容，针对双手配合及听辨节奏方面进行纠错指导；

12. 学习练习曲《练习曲》，继续穿指和跨指的练习，并要求力度和速度均匀；

13. 学习练习曲，学习 D 大调，分手进行练习，掌握双手节奏配合；

14. 学习练习曲《伏尔加船夫曲》，学习降 B 大调，分手进行练习，注意右手音符，继续高抬指练习；

15. 学习练习曲《国际歌》，注意情绪和速度的把握，分手进行左手低音谱号和右手节奏对应的练习；

16. 复习本学期所学过的所有乐曲和音乐知识，答疑释惑，为下一学期的学习做准备。

第二学期（32 学时）

1. 学习练习曲《法国童谣》，熟悉掌握五线谱，熟记各个曲调尤其是 F 调、G 调的调号，减少对简谱的依赖，养成看谱弹琴的习惯；

2. 学习练习曲《生日快乐》，掌握较快的四三拍乐曲节奏，加强八分音符的快速穿指和跨指练习；

3. 学习练习曲《伦敦桥塌了》，掌握在右手比较快速的前提下加入正确的左手和弦，并和节奏合起来匀速演奏；

4. 学习练习曲《小杜鹃》，学习乐曲的演奏风格，熟悉强弱明显的节奏，熟练掌握附点音符；

5. 学习练习曲《我们举杯》，加强左右手配合练习，以及在整齐的节奏类型下和附点音符的对应练习；

6. 学习练习曲《我们举杯》，逐渐掌握演奏熟悉的歌曲，为以后的伴奏打基础，认识歌曲演奏和乐曲演奏之间的差别；

7. 学习练习曲《欢乐颂》，进一步查找并改进在演奏熟悉的旋律过程中应该注意的问题；

8. 学习练习曲《河边对口唱》，学习双音的演奏，并能够自然应用到乐曲中，加强手指的独立性练习；

9. 学习练习曲《乒乓歌》，左右手合手练习，熟悉节奏的识别特点，并在加入左手后能够流畅地演奏，同时表现乐曲的感情；

10. 学习练习曲《乒乓歌》，学习节奏比较规范的乐曲演奏风格，加强右手手指力度的把握，通过手指力度的变化体现乐曲的感情表现；

11. 学习练习曲《颂祖国》，在节奏比较舒缓自由的乐曲中加入有规则的节奏类型，并较好地配合演奏，同时注意十六分音符弹性处理的地方；

12. 学习练习曲《颂祖国》，加强左手两个或三个音符同时演奏的和弦练习，通过熟悉的歌曲把重点放在左手上；

13. 学习练习曲《田园交响曲主题》，学习八六拍的演奏，并和左手以及节奏合拍，要求记住此曲的调号；

14. 学习练习曲《可爱的一朵玫瑰花》，练习旋律的连贯性，要求对连续的四分音符弹得清楚有力、不模糊；

15. 学习练习曲《自新大陆交响曲》，根据熟悉的歌曲学习加入伴奏，加强钢琴曲中节奏的独立性练习；

16. 复习本学期所学过的所有乐曲和音乐知识，答疑释惑，为下一学期的学习做准备。

（二）中级班

第一学期（32 学时）

1. 学习练习曲《星光圆舞曲》，掌握三拍子的乐曲里附点音符节奏和临时变化音，在长音上养成数拍子的习惯；

2. 学习练习曲《星光圆舞曲》，学习左手多指和弦以及和右手旋律的配合；

3. 学习练习曲《多瑙河之波》，了解三拍子的节奏特点、一拍和半拍以及连续八分音符的区别，全曲的左右手配合，掌握轻快演奏方法；

4. 学习练习曲《多瑙河之波》，学习反复记号、十六分音符以及一个拍节内的时值分配；

5. 学习练习曲《舞会圆舞曲》，学习左手和弦、左手和节奏的进入以及演唱记号，掌握反复演奏方法的转换；

6. 学习练习曲《舞会圆舞曲》，复习上节课内容，练习旋律的流畅性以及左右手配合的稳定性；

7. 学习练习曲《圆舞曲主题旋律》，练习双音的整齐，包括力度、速度的整齐以及强弱的控制；

8. 学习练习曲《啊，朋友》，学习对左手的和弦力度和音量的控制，加强左手四指和五指的独立性训练；

9. 学习练习曲《啊，朋友》，加强双手配合，学习有力度的键盘控制，确保休止符的准确性，掌握乐句的呼吸和弱起的手法；

10. 学习练习曲《爱的喜悦》，学习连音和断奏的区别，掌握左手的跳音和弦以及左手的快速演奏；

11. 学习练习曲《大红枣儿送亲人》，学习双手配合时旋律的重音表现和抒情节奏的配合，掌握强弱节拍跟进；

12. 学习练习曲《大红枣儿送亲人》，复习上节课内容，主要练习双手的熟练性、乐曲和节奏的配合，并提高演奏速度；

13. 学习练习曲《八月桂花遍地开》，学习四二拍子的连续断奏以及休止符的加入；

14. 学习练习曲《八月桂花遍地开》，学习左手和弦，先练习单独左手和节奏的配合，再加入右手的旋律，并熟练运用反复记号；

15. 学习练习曲《瑶族鼓舞》，学习连续的十六分音符，要求颗粒性的音质，手指要有弹性；

16. 复习本学期所学过的所有乐曲和音乐知识，答疑释惑，为下一学期的学习做准备。

第二学期（32 学时）

1. 学习练习曲《新大陆交响曲》，学习左手伴奏右手主旋律，要求关注两行乐谱，适当地加入音量的强弱对比；

2. 学习练习曲《新大陆交响曲》，学习双手的配合，在双手演奏时注意节奏的协调性；

3. 学习练习曲《摇篮曲》，该曲重点是旋律里的换指，注意呼吸和抬手腕对于整体乐曲的断句重要性；

4. 学习练习曲《摇篮曲》，学习双手的配合，在双手演奏时注意节奏的协调性；

5. 学习练习曲《钢琴奏鸣曲》，培养看谱弹琴的好习惯；

6. 学习练习曲《钢琴奏鸣曲》，加入左手伴奏，加强右手节奏的掌握与演奏；

7. 学习练习曲《摇篮曲》，学习古典作品在演奏风格上的乐句处理以及触键的手型变化；

8. 学习练习曲《摇篮曲》，学习抒情歌曲改编的乐曲在演奏时情绪的把握，以及连线对于乐句的重要性；

9. 学习练习曲《幽默曲》，学习现代音乐作品和古典作品在演奏风格上的不同处理，以及触键的手型；

10. 学习练习曲《幽默曲》，加入左手伴奏，并继续熟悉右手旋律；

11. 学习练习曲《春之歌》，学习抒情歌曲改编的乐曲在演奏时对旋律的表现，以及连线对于乐句的重要性；

12. 学习练习曲《春之歌》，通过此曲进行指法规律的学习，注意抒情乐曲的连音演奏对于高抬指的要求；

13. 学习练习曲《春之歌》，学习左手和弦，并加入右手旋律的配合以及音色的选择；

14. 学习练习曲《俄罗斯歌曲》，此曲的练习重点是乐曲的节奏和旋律；

15. 学习练习曲《俄罗斯歌曲》，加入左手的和弦学习，掌握和弦在整拍时的进入，要加强节奏的训练，听准强弱拍的区别；

16. 复习本学期所学过的所有乐曲和音乐知识，答疑释惑，为下一学期的学习做准备。

（三）高级班

第一学期（32 学时）

1. 学习练习曲《瑶族长鼓舞》，掌握乐曲里符点音符节奏，以及降 si 的变化音；

2. 学习练习曲《瑶族长鼓舞》，学习左手多指和弦，以及和右手旋律的配合；

3. 学习练习曲《瑶族长鼓舞》，学习节奏一拍和半拍还有三连音的区别，加强全曲的左右手配合，掌握倚音的轻快演奏方法；

4. 学习练习曲《瑶族长鼓舞》，学习反复记号、十六分音符、前八后十六的节奏，以及一个拍节内的时值分配；

5. 学习练习曲《葛蓓莉亚》，学习左手和弦、左手和节奏的进入、演唱记号，以及在反复时音色的转换；

6. 学习练习曲《葛蓓莉亚》，练习旋律的熟练和流畅性，左右手配合的稳定性，并熟悉伦巴节奏；

7. 学习练习曲《葛蓓莉亚》，练习双音的整齐，包括力度和速度的整齐以及强弱的控制；

8. 学习练习曲《葛蓓莉亚》，学习对左手的和弦力度和音量的控制，加强左手四指和五指的独立性训练；

9. 学习练习曲《友谊地久天长》，加强双手配合，学习有力度的键盘控制，确保休止符的准确性，掌握乐句的呼吸和弱起的手法；

10. 学习练习曲《友谊地久天长》，掌握三连音进行曲中一拍和三连音的节奏、连音和断奏的区别，学习左手的跳音和弦、左手的三连音的演奏；

11. 学习练习曲《友谊地久天长》，加强双手配合，学习旋律的重音表现、与进行曲风格节奏的配合、强弱节拍的跟进；

12. 学习练习曲《友谊地久天长》，练习双手的熟练性，加强乐曲和节奏的配合，提高演奏速度；

13. 学习练习曲《友谊地久天长》，掌握变化音，加强升 fa 和升 do 的练习，以及熟悉休止符的加入；

14. 学习练习曲《鳟鱼》，学习左手和弦，先练习单独左手和节奏的配合，再加入右手的旋律，熟练运用反复记号；

15. 学习练习曲《鳟鱼》，加强连续的十六分音符的练习，要求颗粒性的音质，手指要有弹性，了解指尖触键的重要性；

16. 复习本学期所学过的所有乐曲和音乐知识，答疑释惑，为下一学期的学习做准备。

第二学期（32 学时）

1. 学习练习曲《长江之歌》，继续熟悉钢琴谱，复习低音谱表的音符，熟练演奏并唱谱；

2. 学习练习曲《长江之歌》，学习左手旋律，掌握穿指跨指在本曲的规律，重视乐句的呼吸；

3. 学习练习曲《长江之歌》，学习左手的和弦并合手，掌握跨度大的低音和柱式和弦之间的音准，熟练地演奏保持音和跳音的区别；

4. 学习练习曲《老黑奴》，唱谱，对十六分音符有明确的时间概念，能够演奏右手的第一部分，对于大跨度的穿指和同音换指要明确记牢；

5. 学习练习曲《夏日里最后一朵玫瑰》，练习左手弹奏，并会从始至终地用轻松的跳音进行演奏，较好地把握副旋律，和右手的主旋律形成呼应；

6. 学习练习曲《饮酒歌》，通过乐曲巩固之前所讲的知识重点及难点；

7. 学习练习曲《饮酒歌》，学习歌唱性的乐曲演奏风格，能够较好地把握时值长的音符，旋律要做到通顺连贯；

8. 学习练习曲《北风吹》，通过乐曲了解民族音乐特点，并学习在西洋乐器上表现民乐的手法，掌握慢速乐句和双音乐句在演奏方法上的对比；

9. 学习练习曲《北风吹》，在音符和乐句的掌握中体会抒情风格乐曲的演奏；

10. 学习练习曲《天鹅湖情景》，讲解音乐背景以及作曲家作品，对音乐背景有更深的了解；

11. 学习练习曲《天鹅湖情景》，掌握节奏的强弱拍，能够自如地让旋律跟进，掌握小拍的切入，注意黑键等变化音的演奏；

12. 学习练习曲《小天鹅舞曲》，学习交响曲的思想和风格，运用钢琴的表现手法更好地进行诠释；

13. 学习练习曲《小天鹅舞曲》，本曲的一个重点是弱起的节奏掌握，要求加强对节奏类型演奏的熟练程度；

14. 学习练习曲《康定情歌》，加强多变的手位练习，要求与左手的和弦在节奏上保持统一；

15. 学习练习曲《康定情歌》，注意指法的科学安排，尽量做到少换手位。

16. 学习练习曲《贝加尔湖畔》，学习乐曲的同时复习本学期所有学过的乐曲和每首乐曲的重点难点。

注：任课教师会依据教学进度对每学期授课内容进行调整。

五、课程考核评价

采取多种形式相结合的考核评价方式。在课堂上，教师对学员回课内容进行作业点评；在学期末，教师组织学员以独奏、合奏的形式进行结业汇报，合格后由学校统一发放结业证书。

六、教材与参考资料

1.《趣味钢琴曲选（一） 献给老年朋友（修订版）》，黄佩莹编著，人民音乐出版社，2017 年版。

2. 任课教师自编讲义。

古　琴

一、课程信息

（一） 课程简介

古琴又称瑶琴、玉琴和七弦琴，是中国传统拨弦乐器，已有 3000 多年的历史。古琴被视为琴棋书画四艺之首，也是中国传统音乐的八音之首。深邃苍远、空灵飘逸的古琴以其特立独行的艺术魅力、哲学意境和丰富厚重的文史底蕴，被历代文人们尊崇为修身养性的"雅器"，可以教化人心、涤荡尘俗，深受老年学员的喜爱。本课程汇集了古琴的基本知识、弹奏指法和弹奏技巧等内容，以带领学员达到锻炼手脑协调、愉悦身心、陶冶情操、提高艺术修养以及继承与发扬中华优秀传统文化的目的。

（二） 学制与学时

本课程按初级班、中级班和高级班设置。
初级班：学制 1 年，2 个学期，每学期 16 周，每周 1 次课，每课 2 学时，共 64 学时。
中级班：学制 1 年，2 个学期，每学期 16 周，每周 1 次课，每课 2 学时，共 64 学时。
高级班：学制 1 年，2 个学期，每学期 16 周，每周 1 次课，每课 2 学时，共 64 学时。

（三） 课程对象

初级班面向零基础、身体健康、热爱音乐、喜欢古琴演奏的离退休人员。
中级班面向初级班结业的学员，或已掌握古琴的构造和基本知识、能够清楚地认识各徽位的位置和基础的指法、对减字谱有一定认知的离退休人员。
高级班面向中级班结业的学员，或能够熟练掌握减字谱、自如地运用各种音阶和指法的离退休人员。

二、教学目的

通过初级班的学习，学员能够掌握基本乐理知识和初级演奏技巧，掌握右手指法和左手配合，掌握泛音、散音、按音等指法的运用，学会演奏一些小型乐曲，提高学员对民族音乐的喜爱程度。

通过中级班的学习，学员能够进一步掌握乐理知识及演奏技巧，熟悉和弦的多种形式，掌握比较复杂的调性、节奏，认识更多记谱符号，提高对乐曲的驾驭能力和对音乐的表现力。

通过高级班的学习，学员能够做到熟练使用减字谱、熟识各种常用指法，通过深入学习经典乐曲，提高独奏能力，逐步积累舞台表演经验。

三、教学原则与方法

根据老年学员的身心特点，遵循循序渐进、因材施教、示范教学、精讲多练和注重实践的原则，运用讲授法、演示法、欣赏法和情景教学法等方法开展教学。注重培养学员兴趣，选曲贴近学员喜好，授课简单通俗生动；强化基本功训练，加强手指灵活练习，打牢基础，确保学员弹琴正规化、专业化；运用多媒体手段教学，采取口传心授、以身示范、启发诱导相结合的方法，力求每位学员都能掌握好新学的知识；课后督促学员加紧练习，多听、多看老师的示范曲，多参加演出比赛活动，提高学员的表演能力、舞台控制能力以及音乐欣赏水平。

四、教学内容

（一）初级班

第一学期（32 学时）

1. 右手基础指法（勾、挑）：古琴各部位名称及其实用功能，弹琴坐姿，古琴放置方法，减字谱识别方法，"勾""挑"指法讲解；

2. "勾""挑"组合加节奏练习（一）：基础节奏乐理知识讲解，如何快速找规律记谱，节拍器使用方法，速度提升训练；

3. 右手组合指法：历、撮技法及练习方法讲解，隔弦距离不同时右手弯曲度调整方法，勾、挑、撮组合练习方法；

4. "勾""挑"组合加节奏练习（二）：基础节奏乐理知识复习，如何快速找规律记谱，节拍器使用方法，速度提升训练，新节奏型勾挑练习；

5. 左手按弦方法：左手大指定点按弦技法讲解及练习，左手无名指定点按弦技法讲解及练习，左右手配合练习，附加基础节奏练习；

6. 左手滑弦技法（一）：绰、注技法及练习方法讲解，音准练习方法，左手发力方式，散音、按音结合练习；

7. 左手滑弦技法（二）：上、下技法及练习方法讲解，上、下与绰、注的同异点，音准精确度的必要性；

8. 左手滑弦技法（三）：进复、退复技法及练习方法讲解，三种滑弦方式总结，左右手配合能力提升的重要性，音准控制能力如何提升；

9. 入门琴曲《仙翁操》：散按相合的要求，琴曲难点重点训练，泛音技法讲解，搯起技法讲解，音准节奏等基本问题；

10. 琴曲《秋风词》：技法"撞"讲解练习，不同唱谱方式的应用，"撞"与"搯起"的衔接，琴曲完整性训练；

11. 琴曲《秋风词》复习：琴曲演奏过程中难点部分处理技巧，速度控制方法，完整性演奏中的难点，曲谱背演中易出错位置重点讲解，音准节奏等基本问题纠错；

12. 琴曲《凤求凰》：高音区取音位置处理，快板速度控制方法，完整性演奏中的难点，曲谱背演中易出错位置重点讲解，音准节奏等基本问题；

13. 琴曲《凤求凰》复习：琴曲演奏过程中难点部分处理技巧，速度控制方法，完整性演奏中的难点，曲谱背演中易出错位置重点讲解，音准节奏等基本问题纠错；

14. 琴曲《阳关三叠》（一）：散音句中右手力度控制的规律，曲词唱法与配合，音准易错点纠正讲解，降 B 调调弦方法，"散三如一"技法讲解；

15. 琴曲《阳关三叠》（二）：高音区取音位置处理，琴曲中重复部分的处理方式，反撮练习方法，泛音音色要求；

16. 琴曲《阳关三叠》（三）：琴曲情感表达框架搭建，整曲中难点、重点、易错点部分讲解，同旋律中不同音区演奏处理方式细节变化及规律，完整性与流畅性能力训练。

第二学期（32 学时）

1. 琴曲《酒狂》（一）：6/8 拍节奏型特点，曲中勾挑撮指法组合弹奏要点，"抓起"技法讲解示范，高音区音准控制；

2. 琴曲《酒狂》（二）：左手换弦落指技巧，左手一指按两弦技巧；

3. 琴曲《酒狂》（三）："跪指"按弦技法讲解示范，跪指按弦换弦技巧，跪指搯起技巧；

4. 琴曲《酒狂》（四）：演奏过程中右手指力强弱的控制，整曲演奏中的速度控制；

5. 琴曲《枉凝眉》（一）：历勾指法快速转换，散音按音相邻时强弱处理，切分节奏技巧；

6. 琴曲《枉凝眉》（二）：取音特殊的进复退复处理，高音区音准；

7. 琴曲《枉凝眉》（三）：琴曲分句练习技巧，衔接部分处理方法，情感表达方法；

8. 琴曲《枉凝眉》（四）：整曲复习，易错知识点纠正讲解；

9. 琴曲《卧龙吟》（一）："分开"演奏方法，左手换弦技巧；

10. 琴曲《卧龙吟》（二）：连续快速换弦按弦技巧，定点按弦音准问题；

11. 琴曲《卧龙吟》（三）：整曲复习，易错知识点纠正讲解；

12. 琴曲《女儿情》（一）：左手快速换指按弦技巧，反撮技巧；

13. 琴曲《女儿情》（二）：散按如一技巧，带起技巧，右手强弱控制；

14. 琴曲《酒狂》复习：整曲复习，易错知识点纠正讲解；

15. 琴曲《枉凝眉》复习：整曲复习，易错知识点纠正讲解；

16. 琴曲《卧龙吟》《女儿情》复习：整曲复习，易错知识点纠正讲解。

（二）中级班

第一学期（32 学时）

1. 琴曲《鸥鹭忘机》（一）：指法"滚""拂"技法讲解示范，琴曲开篇泛音处理技巧，节奏音准控制；

2. 琴曲《鸥鹭忘机》（二）：指法"双弹""拨剌"技法讲解示范，左手滑弦速度变化技巧；

3. 琴曲《鸥鹭忘机》（三）：左手大指一指两弦技巧讲解示范，左手揉弦"吟"技巧，"掩"后按弦技巧；

4. 琴曲《鸥鹭忘机》（四）：演奏过程中右手指力强弱的控制，整曲演奏中的速度控制；

5. 琴曲《鸥鹭忘机》（五）：快速换弦技巧，散音按音相邻时强弱处理，左手滑弦速度变化技巧；

6. 琴曲《鸥鹭忘机》（六）：快板部分音准节奏练习方法，琴曲尾声演奏技巧；

7. 琴曲《鸥鹭忘机》（七）复习一：琴曲分句练习技巧，衔接部分处理方法，情感表达方法；

8. 琴曲《鸥鹭忘机》（八）复习二：整曲复习，易错知识点纠正讲解；

9. 琴曲《良宵引》（一）："打圆""双弹"演奏方法，高音区音准练习；

10. 琴曲《良宵引》（二）：连续快速换弦按弦技巧"应合"演奏方法；

11. 琴曲《良宵引》（三）：左手快速换指按弦技巧，左右手配合能力训练；

12. 琴曲《良宵引》（四）：整曲复习，易错知识点纠正讲解；

13. 琴曲《关山月》（一）："轮指"技巧及练习方法，抓起技巧，右手强弱控制；

14. 琴曲《关山月》（二）："反撮"技巧及练习方法，泛音"轮指"演奏方法；

15. 琴曲《关山月》（三）：一指两弦技巧，摇起时一指两弦技巧；

16. 琴曲《关山月》复习：整曲复习，易错知识点纠正讲解。

第二学期（32 学时）

1. 《韦编三绝》琴曲及第一段讲解：琴曲开篇演奏处理方法，正确解读琴谱涵盖的所有信息，左手如何自然换弦以保证音乐的连贯性，唱谱；

2. 《韦编三绝》第二段讲解：高音区音准，跪指按弦，唱谱；

3. 《韦编三绝》第三段：小撮反撮技巧，指法拨剌技法及练习方法，右手如何做到强弱对比；

4. 《韦编三绝》全曲：如何保证乐曲演奏的完整性和意境，散按两音相邻时如何控制右手力度，绰注时滑弦速度变化；

5. 《梧叶舞秋风》第一、第二段：采用"1＋2""1＋2＋3"方式强化每一个音的演奏，泛音强弱对比的处理方式，段落衔接部分如何做到自然流畅，左手滑弦速度变化技巧；

6. 《梧叶舞秋风》第一、第二段：衔接部分重点示范及练习，边唱谱边演奏，训练手口如一的演奏能力；

7. 《梧叶舞秋风》第三段：双弹、软撞演奏方法，分开、长吟技巧，掩后接换弦按音技巧，摇起后一指两弦；

8. 《梧叶舞秋风》第四段：演奏技法"滚拂"演奏方法，演奏技法按音"劈"讲解，音准精确度的必要性；

9. 《梧叶舞秋风》第五段：一指两弦大指如何调整弯曲度以做到按实琴弦，左手滑弦速度变化技巧，"吟猱"技巧；

10. 《梧叶舞秋风》第六段：按弦演奏过程中大指、无名指连贯转换技巧，难点重点训练，低音区音准、音色；

11. 琴曲《梧叶舞秋风》第七段：左手快速换指按弦技巧，左右手配合能力训练；

12. 琴曲《梧叶舞秋风》第八段、尾声段：琴曲尾声情感表达处理技巧，左手大指三根弦连续按音换弦技巧，应合技巧及练习方法，打圆练习方法；

13. 琴曲《梧叶舞秋风》全曲：难点重点训练；

14. 琴曲《梧叶舞秋风》全曲：完整性训练；

15. 琴曲《梧叶舞秋风》全曲：背谱演奏中易出错位置重点讲解；

16. 琴曲《梧叶舞秋风》全曲：音准节奏等基本问题纠错。

（三） 高级班

第一学期（32 学时）

1. 琴曲《平沙落雁》（一）：指法"退吟"技法讲解示范，琴曲开篇泛音处理技巧，节奏音准控制；

2. 琴曲《平沙落雁》（二）：小撞、急退演奏方法，高音区音准训练，掩后接换弦按音技巧；

3. 琴曲《平沙落雁》（三）："半轮""放合"演奏方法，连续撮时左右手配合技巧，掩后接换弦按音技巧；

4. 琴曲《平沙落雁》（四）：琴曲中相同部分旋律演奏处理方法，左手滑弦"浒上"技巧，左手揉弦"猱"技巧；

5. 琴曲《平沙落雁》（五）："刺伏""推出"演奏方法，手滑弦速度变化的情感表达方法，摇起时无名指一指两弦技巧；

6. 琴曲《平沙落雁》（六）：指法撮音色变化演奏方法，左手快速换弦按弦技巧，左手揉弦"细吟"技巧；

7. 琴曲《平沙落雁》（七）：无名指同时一指按三弦方法，左手大指快速一指管两弦技巧，距离较大时"掩"演奏技巧；

8. 琴曲《平沙落雁》（八）：难点重点训练；

9. 琴曲《平沙落雁》（九）：背谱演奏中易出错位置重点讲解；

10. 琴曲《平沙落雁》（十）：音准节奏等基本问题纠错；

11. 琴曲《风雷引》第一、第二段讲解：琴曲开篇演奏处理方法，正确解读琴谱涵盖的所有信息，指法撮、推出技巧加强训练，唱谱；

12. 琴曲《风雷引》第三、第四段讲解：左手如何自然换弦以保证音乐的连贯性，指法抓起、掩强化训练，唱谱；

13. 琴曲《风雷引》前四段复习：指法撮、掩、抓起技巧巩固，左右手配合中需要注意的细节问题，右手如何做到强弱对比；

14. 琴曲《风雷引》第五段讲解：指法滚拂、拨、轮指技巧强化训练，连续撮时如何控制右手力度去做强弱对比，绰注时滑弦速度变化；

15.《风雷引》第六、第七段讲解：指法双弹、猱技巧强化训练，掩后接换弦按音技巧，右手撮时左手过弦技巧；

16.《风雷引》全曲复习：采用"1+2""1+2+3"方式强化每一个音的演奏，段落衔接部分如何做到自然流畅，音准精确度的必要性，指法纠错。

第二学期（32 学时）

1. 琴曲《醉渔唱晚》（一）：淌下技术要点讲解及练习，切分节奏表达及处理，节奏音准控制；

2. 琴曲《醉渔唱晚》（二）：放合技术要点讲解及练习，重复乐句强弱对比处理技巧；

3. 琴曲《醉渔唱晚》（三）：一、二节课知识要点复习，细化练习方法、要点、节奏、音准；

4. 琴曲《醉渔唱晚》（四）：轮指、左右手配合能力提升，右手手速练习及提升，左手揉弦"猱"技巧；

5. 琴曲《醉渔唱晚》（五）：轮指、勾、撮指法快速转换技巧，右手手速练习及提升，左手滑弦速度变化训练；

6. 琴曲《醉渔唱晚》（六）：已学内容问题解答及增加音乐细节部分要求，段落衔接部分如何做到自然流畅，指法纠错；

7. 琴曲《醉渔唱晚》（七）：撮、反撮及左手配合速度提升；

8. 琴曲《醉渔唱晚》（八）：连续撮后左手滑弦技巧讲解；

9. 琴曲《醉渔唱晚》（九）：音准精确度的必要性；

10. 琴曲《醉渔唱晚》（十）：难点重点训练；

11. 琴曲《醉渔唱晚》（十一）：背谱演奏中易出错位置重点讲解；

12. 琴曲《醉渔唱晚》（十二）：音准节奏等基本问题纠错；

13. 琴曲《洞庭秋思》（一）：不常用徽位音准训练，徽外摇起时一指两弦技巧，左手滑弦速度控制及"撞猱"技法；

14. 琴曲《洞庭秋思》（二）：左手指法抓起时和散音同声技巧，左手大指一指两弦训练，绰注时滑弦速度变化；

15. 琴曲《洞庭秋思》（三）：无名指徽外一指按五弦练习，左手滑弦时大指与无名指切换技巧，右手打圆时指力强弱控制；

16. 琴曲《洞庭秋思》全曲复习：采用"1+2""1+2+3"方式强化每一个音的演奏，段落衔接部分如何做到自然流畅，音准精确度的必要性，指法纠错。

注：任课教师会依据教学进度对每学期授课内容进行调整。

五、课程考核评价

采取多种形式相结合的考核评价方式。在课堂上，教师对学员回课内容进行作业点评；在学期末，教师组织学员以独奏、合奏的形式进行结业汇报，合格后由学校统一发放结业证书。

六、教材与参考资料

1. 《古琴实用教程》，李祥霆著，上海音乐出版社，2013 年版。
2. 《古琴自学方法》，沈草农著，西泠印社出版社，2021 年版。
3. 任课教师自编讲义。

二　胡

一、课程信息

（一）课程简介

二胡是我国传统民族乐器中最具代表性的弓弦乐器，距今已有 1000 多年的历史。凭借着复杂的演奏技巧与丰富的音乐表现力成为现代民族管弦乐团中重要的组成部分，更被称为二根弦的"中国式小提琴"。二胡由于发音接近人声，音色柔美，善于表达人们情感，练习中既能健脑健身，又能很好地锻炼左右手的协调性，深受广大老年学员的喜爱。本课程汇集了基础乐理知识、二胡的构造性能及定音定调，以及二胡的基本演奏方法和技巧等内容，以带领学员达到具备独奏、齐奏及参加合奏的能力，进而提升音乐素养，弘扬民族音乐文化。

（二）学制与学时

本课程按初级班、中级班和高级班设置。

初级班：学制 1 年，2 个学期，每学期 16 周，每周 1 次课，每课 2 学时，共 64 学时。

中级班：学制 1 年，2 个学期，每学期 16 周，每周 1 次课，每课 2 学时，共 64 学时。

高级班：学制 1 年，2 个学期，每学期 16 周，每周 1 次课，每课 2 学时，共 64 学时。

（三）课程对象

初级班面向零基础、身体健康、热爱音乐、喜欢二胡演奏的离退休人员。

中级班面向初级班结业的学员，或具有一定二胡基础知识，如二胡的构造、各种把位、调式音阶和弓法运用的离退休人员。

高级班面向中级班结业的学员，或能够自如地运用各种弓法、熟练掌握各调式的音阶、具有一定的乐曲储备量的离退休人员。

二、教学目的

通过初级班的学习，学员能够了解基本乐理知识，掌握二胡演奏的基本姿势，培养基本演奏技法与手脑反映能力，提高学员对音乐的感受能力以及对二胡的学习兴趣，为继续学习奠定基础。

通过中级班的学习，学员能够提高演奏技术，培养良好的音准控制能力、视奏能力和速度变化能力，体会乐曲的意境、情绪和情感，提高音乐欣赏能力。

通过高级班的学习，学员能够具备较娴熟的演奏技巧，培养快速换把、换弓、换弦的演奏能力，掌握表现特定风格的演奏技法，深刻理解乐曲内容和情感，丰富二胡演奏的表现力。

三、 教学原则与方法

根据老年学员的身心特点，遵循启发性、量力性、直观性、因材施教和循序渐进的原则，运用讲练法、演示法、现场指导法和反馈激励法等方法开展教学。注重趣味性与科学性相结合，既要选用学员熟悉喜爱的乐曲作为演奏题材，又要强调音阶、长弓等基本功的练习，寓教于乐，逐步达到教学目的；注重讲解与示范相结合，讲解通俗易懂，示范严格准确，始终把音准和节奏的准确放在第一位，确保姿势正确、动作规范；注重技术训练与音乐素质训练相结合，丰富教学内容，使学员在提高演奏技术的同时，不断提高音乐审美能力和欣赏能力，养成勤奋钻研的学习习惯。

四、 教学内容

（一） 初级班

第一学期（32学时）

1. 空弦运弓练习，学习持弓基本姿势、运弓方法，使力度及声音相统一；
2. 左手按指练习，学习D调（1－5）弦音阶及指法，左手按指与右手运弓相配合；
3. 学习乐曲《闪烁的小星星》《划小船》，练习右手运弓及左手按指的配合；
4. 换弦及音程跳进练习，右手换弓换弦与左手换指相配合；
5. 连弓练习，一弓两音与左手换指相配合；
6. 音阶歌练习，学习分弓与连弓交替换指；
7. 学习乐曲《山村初晓》，练习运弓连贯性，弓法指法相配合；
8. 学习G调（5－2）弦音阶《新年好》《祝你生日快乐》，掌握G调指法特点、指距、音准、分弓和节奏，左右手相配合；
9. 学习乐曲《牧童之歌》，练习左手音准，右手弓法变化；
10. 学习乐曲《山清水秀好风光》《孟姜女》，练习右手长弓控制，左手音准及弓法变化；
11. 十六分音符连弓练习（1），掌握一弓四音，节奏准确均匀，左右手协调；
12. 十六分音符连弓练习（2），巩固一弓四音，节奏准确均匀，左右手协调；

13. D调空弦换把练习（1），掌握左手换把方法要领；

14. D调空弦换把练习（2），强化换把连贯性练习；

15. G调空弦换把练习（1），掌握左手换把方法要领；

16. G调空弦换把练习（2），巩固左手换把方法要领。

第二学期（32学时）

1. 学习乐曲《洁白的哈达》，掌握D调（1-5）弦换把装饰音；

2. 学习乐曲《弓桥泛月》，掌握D调（1-5）弦连弓、分弓和换把；

3. 学习乐曲《短歌》，掌握F调（6-3）弦；

4. 学习乐曲《牧羊姑娘》，巩固F调（6-3）弦；

5. 学习乐曲《我是小牧民》，巩固F调（6-3）弦；

6. 学习乐曲《让我们荡起双桨》，巩固F调（6-3）弦；

7. 学习乐曲《F调上把旋律联系》，巩固F调（6-3）弦；

8. 学习乐曲《采茶扑蝶》，巩固F调（6-3）弦；

9. 学习乐曲《世上只有妈妈好》，掌握G调（5-2）弦换把；

10. 学习乐曲《两朵小红花》，巩固G调（5-2）弦换把；

11. 学习《综合练习》，掌握弓法特点和滑音；

12. 学习C调音阶，掌握C调（2-6）弦，上式指法和下式指法；

13. 学习乐曲《思想起》，巩固C调（2-6）弦，上式指法和下式指法；

14. 学习乐曲《马兰花开》，巩固C调（2-6）弦，上式指法和下式指法；

15. 学习《C调指法练习》，巩固上式指法和下式指法；

16. 学习乐曲《九九艳阳天》，掌握C调（2-6）弦，上式指法、下式指法交替使用。

（二）中级班

第一学期（32学时）

1. 颤音练习，加强左手手指灵活性；

2. 自然泛音练习，加强左手手指触弦准确性；

3. 学习乐曲《一根竹竿容易弯》，掌握降B调（3-7）弦音阶指法；

4. 学习乐曲《沂蒙山小调》，巩固降B调（3 7）弦音阶指法；

5. 学习乐曲《知音》，巩固降B调（3-7）弦音阶指法；

6. 学习乐曲《可可托海牧羊人》，巩固降B调（3-7）弦音阶指法；

7. 学习乐曲《可可托海牧羊人》，巩固降B调（3-7）弦音阶指法；

8. 学习乐曲《良宵》（1），掌握长弓、换把和揉弦；

9. 学习乐曲《良宵》（2），巩固长弓、换把和揉弦；

10. 学习乐曲《赛马》（1），掌握快弓、换把和拨弦；

11. 学习乐曲《赛马》（2），巩固快弓、换把和拨弦；

12. C调力度练习（1），掌握（2-6）弦上、下式指法换把、同音异指和音准；

13. C 调力度练习（2），巩固（2-6）弦上、下式指法换把、同音异指和音准；

14. 学习乐曲《山丹丹开花红艳艳》（1），掌握 C 调（2-6）弦上、下式指法；

15. 学习乐曲《山丹丹开花红艳艳》（2），巩固 C 调（2-6）弦上、下式指法；

16. 学习乐曲《山丹丹开花红艳艳》（3），巩固 C 调（2-6）弦上、下式指法。

第二学期（32 学时）

1. 学习广东音乐《旱天雷》（1），掌握（5-2）弦风格滑音、换把和快弓；

2. 学习广东音乐《旱天雷》（2），巩固（5-2）弦风格滑音、换把和快弓；

3. 学习民歌《拔根芦柴花》（1），掌握（1-5）弦垫指、滑音和换把；

4. 学习民歌《拔根芦柴花》（2），巩固（1-5）弦垫指、滑音和换把；

5. 学习民歌《茉莉花》（1），掌握（5-2）弦风格、换把和二声部；

6. 学习民歌《茉莉花》（2），巩固（5-2）弦风格、换把和二声部；

7. 学习乐曲《飞驰天路》（1），掌握（5-2）弦西藏风格、快板、慢板和二声部；

8. 学习乐曲《飞驰天路》（2），巩固（5-2）弦西藏风格、快板、慢板和二声部；

9. 学习乐曲《飞驰天路》（3），巩固（5-2）弦西藏风格、快板、慢板和二声部；

10. 学习乐曲《山丹丹花开红艳艳》（1），掌握（2-6）弦陕北民歌风格；

11. 学习乐曲《山丹丹花开红艳艳》（2），巩固（2-6）弦陕北民歌风格；

12. 学习乐曲《山丹丹花开红艳艳》（3），巩固（2-6）弦陕北民歌风格；

13. 学习乐曲《山村变了样》（1），掌握（2-6）弦风格、换把、散板和快板；

14. 学习乐曲《山村变了样》（2），巩固（2-6）弦风格、换把、散板和快板；

15. 学习乐曲《山村变了样》（3），巩固（2-6）弦风格、换把、散板和快板；

16. 总复习。

（三）高级班

第一学期（32 学时）

1. 综合练习，掌握换弦、换把、八度和三连音（1）；

2. 综合练习，巩固换弦、换把、八度和三连音（2）；

3. 综合练习，巩固换弦、换把、八度和三连音（3）；

4. 学习乐曲《月夜》（1），掌握慢长弓、换把和滑音；

5. 学习乐曲《月夜》（2），巩固慢长弓、换把和滑音；

6. 学习乐曲《月夜》（3），巩固慢长弓、换把和滑音；

7. 学习乐曲《赶集》（1），掌握风格、换把、滑音和快弓；

8. 学习乐曲《赶集》（2），巩固风格、换把、滑音和快弓；

9. 学习乐曲《赶集》（3），巩固风格、换把、滑音和快弓；

10. 学习乐曲《江南春色》（1），掌握风格、泛音、慢板和快板；

11. 学习乐曲《江南春色》（2），巩固风格、泛音、慢板和快板；

12. 学习乐曲《江南春色》（3），巩固风格、泛音、慢板和快板；

13. 学习乐曲《二泉映月》（1），掌握名曲演奏特点、弓法和指法；

14. 学习乐曲《二泉映月》（2），巩固名曲演奏特点、弓法和指法；

15. 学习乐曲《二泉映月》（3），巩固名曲演奏特点、弓法和指法；

16. 总复习。

第二学期（32 学时）

1. 学习乐曲《唱支山歌给党听》（1），掌握慢板、快板和变化音；

2. 学习乐曲《唱支山歌给党听》（2），巩固慢板、快板和变化音；

3. 学习乐曲《夜深沉》（1），了解京剧曲牌：西皮；

4. 学习乐曲《夜深沉》（2），了解京剧曲牌：西皮；

5. 学习乐曲《长城随想》，第一乐章：关山行（1）；

6. 学习乐曲《长城随想》，第一乐章：关山行（2）；

7. 学习乐曲《长城随想》，第一乐章：关山行（3）；

8. 学习乐曲《长城随想》，第二乐章：烽火操（1）；

9. 学习乐曲《长城随想》，第二乐章：烽火操（2）；

10. 学习乐曲《长城随想》，第二乐章：烽火操（3）；

11. 学习乐曲《长城随想》，第三乐章：忠魂祭（1）；

12. 学习乐曲《长城随想》，第三乐章：忠魂祭（2）；

13. 学习乐曲《长城随想》，第三乐章：忠魂祭（3）；

14. 学习乐曲《长城随想》，第四乐章：遥望篇（1）；

15. 学习乐曲《长城随想》，第四乐章：遥望篇（2）；

16. 学习乐曲《长城随想》，第四乐章：遥望篇（3）。

注：每学期授课内容，任课教师会依据教学进度进行调整。

五、 课程考核评价

采取多种形式相结合的考核评价方式。在课堂上，教师对学员回课内容进行作业点评；在学期末，教师组织学员以独奏、合奏的形式进行结业汇报，合格后由学校统一发放结业证书。

六、 教材与参考资料

1. 《全国二胡演奏（业余）考级作品集第一级—第六级》（第一套），中国音协全国乐器演奏考级委员会二胡专家委员会编，人民音乐出版社，2002 年版。

2. 《全国二胡演奏（业余）考级作品集第七级—第十级》（第一套），中国音协全国乐器演奏考级委员会二胡专家委员会编，人民音乐出版社，2002 年版。

3. 《二胡系统进阶练习曲集（下册）》，刘长福编选，人民音乐出版社，2014 年版。

4. 任课教师自编讲义。

竹　笛

一、课程信息

（一）　课程简介

笛子是中国广为流传的传统吹奏乐器。用竹子制作的笛子称为"竹笛"，竹笛具有强烈的民族特色，发音动情、婉转，流传地域广，品种繁多，使用最普遍的有曲笛、梆笛和定调笛等。竹笛是中国民族乐队中重要的旋律乐器，具有十分明显的民族性和艺术性特点，多用于独奏，也可参与合奏。竹笛演奏的本质是音乐艺术美展现的重要体现，将大自然的意境融入音乐中，多年以来深受老年学员的喜爱和追捧。本课程汇集了竹笛的乐理知识、演奏方法等内容，以带领学员掌握独立演奏、合奏的能力，进而提高音乐表现力，达到愉悦身心、陶冶情操，充实和提高生活质量的目的。

（二）　学制与学时

本课程按初级班、中级班和提高班设置，课程采用简谱加功能谱教学。

初级班：学制1年，2个学期，每学期16周，每周1次课，每课2学时，共64学时。

中级班：学制1年，2个学期，每学期16周，每周1次课，每课2学时，共64学时。

高级班：学制1年，2个学期，每学期16周，每周1次课，每课2学时，共64学时。

（三）　课程对象

初级班面向零基础、身体健康、热爱音乐、喜欢竹笛演奏的离退休人员。

中级班面向初级班结业的学员，或具有一定基础乐理知识，能够较熟练地认识简谱、功能谱，可以演奏多种节奏型、掌握相关音乐术语的离退休人员。

高级班面向中级班结业的学员，或具有一定演奏能力、能够达到演出效果的离退休人员。

二、教学目的

通过初级班的学习，学员能够掌握竹笛的、基本发声原理和乐曲创作背景等理论知识，以及简谱、节奏型和竹笛演奏方法等专业的音乐基础知识。

通过中级班的学习，学员能够对基本的演奏技巧有一定的了解，能够较快地演奏简单的乐曲。

通过高级班的学习，学员能够熟练掌握各种技巧、节奏型和音乐术语，最后达到独立演奏或者合奏的水平。

三、 教学原则与方法

根据老年学员的身心特点，遵循先易后难、循序渐进、示范教学、因材施教和精讲多练的原则，运用讲授法、演示法、练习法和师生合奏等方法开展教学。利用先进教学设备，进行线上线下相结合教学，乐理讲解、技巧训练和乐曲演奏相结合，使学员扎实掌握竹笛的基础知识和演奏技能；突出重点和难点的强化训练，采取阶段性复习的方式巩固教学效果；在统讲统教的前提下，视学员的接受能力灵活对待，适当调整教学进度，多鼓励、多巡堂、多实践，调动学员学习的主动性和积极性，引导学员领会音乐语汇和内涵，提升音乐素养，提高音乐表现力。

四、 教学内容

（一） 初级班

第一学期（32 学时）

1. 中国笛子的历史；
2. 笛子的种类和结构；
3. 执笛方法、吹响练习；
4. 演奏时的姿态、口诀；
5. 呼吸方法；
6. 小乐曲练习；
7. 复习前六周学习内容；
8. 有关的乐理知识；
9. 左手练习、长音练习；
10. 右手练习、长音练习；
11. 综合练习、简单的乐曲练习；
12. 基本练习一；
13. 小乐曲练习；
14. 筒音做 1 的音阶训练；
15. 基本练习二；

16. 总复习。

第二学期（32学时）

1. 基本练习三；
2. 练习《八月桂花遍地开》；
3. 基本练习四；
4. 练习《牧童》；
5. 基本练习五；
6. 练习《你吹笛我打鼓》；
7. 基本练习六；
8. 单吐练习；
9. 附点与顿音练习；
10. 双吐练习；
11. 筒音做1的分解和弦；
12. 音阶与八度练习；
13. 练习《放哨歌》；
14. 练习《草原小姐妹》；
15. 指颤音练习；
16. 连音练习。

（二）中级班

第一学期（32学时）

1. 单吐与双吐练习；
2. 三度与指颤音；
3. 练习《妆台秋思》；
4. 练习《纺织姑娘》；
5. 吐音练习；
6. 练习《小放牛》；
7. 练习《姑苏行》；
8. 练习《中花六板》；
9. 筒音做1的五声音阶；
10. 滑音基本练习；
11. 基本练习七；
12. 半音与琶音练习；
13. 练习《小鸟》；
14. 三连音运指；
15. 快速颤音练习；

16. 双吐跳音练习。

第二学期（32 学时）

1. 基本练习八；
2. 练习《活泼的小松鼠》；
3. 筒音做 2 的分解和弦；
4. 练习《塔塔尔族舞曲》；
5. 练习《五梆子》；
6. 颤音与顿音；
7. 附点音练习；
8. 练习《游击队歌》；
9. 练习《江南小景》；
10. 练习《红领巾列车奔向北京》；
11. 快指练习；
12. 练习《水乡船歌》；
13. 练习《春到拉萨》；
14. 装饰音：打音、叠音的演奏讲解；
15. 练习《儿童舞曲》；
16. 练习《喜相逢》。

（三）　高级班

第一学期（32 学时）

1. 基本练习九；
2. 长音练习＋技巧＋复杂节奏型；
3. 组合型技巧练习；
4. 传统乐曲的处理方法及表达；
5. 练习《牧民新歌》；
6. 练习《京调》；
7. 筒音做 2 的五声音阶；
8. 练习《活指调》；
9. "T""K" 交替练习；
10. 练习《小扁担》；
11. 练习《唱山歌》；
12. 灵巧的吐音；
13. 练习《邮递马车》；
14. 三度运指练习；
15. 练习《彩云追月》；

16. 练习《金蛇狂舞》。

第二学期（32 学时）

1. 基本练习十；
2. 八度跳音练习；
3. 练习《扬鞭催马运粮忙》；
4. 装饰音：波音的演奏讲解；
5. 练习《迎春曲》；
6. 练习《三五七》；
7. 练习《秦川抒怀》；
8. 高、中、低音区演奏控制要求；
9. 相同音区别演奏的方法；
10. 练习《沂蒙山小调》；
11. 上历音、下历音练习；
12. 练习《采茶扑蝶》；
13. 练习《鹧鸪飞》；
14. 技巧综合运用总结；
15. 练习《秋湖越野》；
16. 练习《向往》。

注：任课教师会依据教学进度对每学期授课内容进行调整。

五、 课程考核评价

采取多种形式相结合的考核评价方式，课堂上教师对学员回课内容进行作业点评，学期末教师组织学员以独奏、合奏的形式进行结业汇报，合格后由学校统一发放结业证书。

六、 教材与参考资料

1. 《竹笛考级曲集》，中国民族管弦乐学会全国民族乐器演奏社会艺术水平考级委员会系列丛书编委会编，人民音乐出版社，2016 年版。
2. 《中老年学竹笛》，喻晓庆编著，蓝天出版社，2012 年版。
3. 任课教师自编讲义。

陶　笛

一、课程信息

（一）课程简介

陶笛是一种用陶土制成的管乐器，其音色自然、清丽、空灵，表现力丰富多样，具有很强的情绪感染力，极富疗愈效果，是可以抚慰治愈心灵的"心灵乐器"。陶笛距今有数千年历史，外形美观小巧，便于携带，易于演奏，深受老年学员的喜爱。本课程汇集了基础音乐知识、吹奏方法与技巧等内容，以带领学员热爱并掌握吹奏技法，从而达到愉悦身心、陶冶情操，充实和提高生活质量的目的。

（二）学制与学时

本课程按初级班、提高班设置。

初级班：学制1年，2个学期，每学期16周，每周1次课，每课2学时，共64学时。

提高班：学制1年，2个学期，每学期16周，每周1次课，每课2学时，共64学时。

（三）课程对象

初级班面向零基础、身体健康、热爱音乐、喜欢陶笛演奏的离退休人员。

提高班面向初级班结业的学员，或具有一定陶笛基础知识，能够较熟练地认识简谱、功能谱的离退休人员。

二、教学目的

通过初级班的学习，学员能够了解陶笛的构造特点，掌握基础乐理知识和基本演奏技巧，能够吹奏简单的小型乐曲。

通过提高班的学习，学员能够熟练掌握识谱视奏法和节奏听辨技巧，能够吹奏较复杂的乐曲。

三、 教学原则与方法

　　根据老年学员的身心特点，遵循先易后难、循序渐进、示范教学、因材施教和精讲多练的原则，运用讲授法、演示法、练习法和师生合奏等方法开展教学。注重乐理讲解、技巧训练和乐曲弹奏相结合，使学员扎实掌握陶笛的基础知识和弹奏技能；突出重点和难点的强化训练，采取阶段性复习的方式巩固教学效果，引导学员领会音乐语汇和内涵，提升音乐素养，提高音乐表现力。

四、 教学内容

（一） 初级班

第一学期（32 学时）

　　1. 正确掌握持笛姿势、吹口含法和运舌法；

　　2. 掌握标准的呼吸方法（腹式呼吸和胸式呼吸）；

　　3. 规范常用基本技巧（吐音、连音的区分和基本运用）；

　　4. 准确识别双八、附点、平均十六节奏类型；

　　5. 熟悉 C 调指法；

　　6. 熟练掌握 C 调指法；

　　7. 掌握节奏技巧和节奏感；

　　8. 练习《活指练习 1》；

　　9. 练习《活指练习 2》；

　　10. 练习《小星星》；

　　11. 练习《小蜜蜂》；

　　12. 练习《莎莉花园》；

　　13. 练习《小毛驴》；

　　14. 练习《小兔子乖乖》；

　　15. 练习《送别》；

　　16. 学期总结汇报。

第二学期（32 学时）

　　1. 熟悉 C 调、F 调指法；

　　2. 熟练掌握 C 调、F 调指法；

　　3. 能准确吹奏装饰音（倚音、波音、打音）；

　　4. 用附孔吹出准确音高；

　　5. 准确识别前十六、后十六、切分节奏类型；

6. 练习《陶笛奇遇记》；

7. 练习《龙的传人》；

8. 练习《望春风》；

9. 练习《思念的季节》；

10. 练习《同桌的你》；

11. 练习《梦想新乐园》；

12. 练习《感恩的心》；

13. 练习《月亮代表我的心》；

14. 练习《希望》（《大长今》主题曲）；

15. 练习《彩云追月》；

16. 学期总结汇报。

（二） 提高班

第一学期（32 学时）

1. 熟悉 G 调指法；

2. 熟练掌握 G 调指法；

3. 熟悉基本乐理知识；

4. 学习颤音、叠音技巧；

5. 双吐、三吐、气震音的熟练运用；

6. 乐曲的情感处理（软吐、滑音）；

7. 练习《千年风雅》；

8. 练习《美丽的神话》；

9. 练习《女儿情》；

10. 练习《康定情歌》；

11. 练习《白狐》；

12. 练习《天空之城》；

13. 练习《故乡的原风景》；

14. 练习《森林狂想曲》；

15. 练习《青春舞曲》；

16. 学期总结汇报。

第二学期（32 学时）

1. 熟悉 D 调指法；

2. 熟练掌握 D 调指法；

3. 碎吐、花舌的熟练运用；

4. 变化音唱名、指法规律、等音；

5. 附孔音练习；

6. 高音指法练习；

7. 练习《美丽的草原我的家》；

8. 练习《儿行千里》；

9. 练习《枉凝眉》；

10. 练习《笛声依旧》；

11. 练习《茶山春来早》；

12. 练习《一只鸟仔》；

13. 练习《相亲与相爱》；

14. 练习《喜洋洋》；

15. 练习《孤独的牧羊人》；

16. 学期总结汇报。

注：任课教师会依据教学进度对每学期授课内容进行调整。

五、 课程考核评价

采取多种形式相结合的考核评价方式。在课堂上，教师对学员回课内容进行作业点评；在学期末，教师组织学员以独奏、合奏的形式进行结业汇报，合格后由学校统一发放结业证书。

六、 教材与参考资料

1. 《陶笛入门教材》，林烨、赵亮编著，人民音乐出版社，2015 年版。

2. 《陶笛（中国音乐学院社会艺术考级精品教材）》，中国音乐学院考级委员会主编，中国青年出版社，2023 年版。

3. 任课教师自编讲义。

中　阮

一、课程信息

（一）课程简介

　　阮是"阮咸"的简称，作为我国传统民族乐器的一种，主要以弹拨方式演奏，至今已有 2000 多年的历史。中阮，顾名思义就是尺寸适中，音域适中的阮，音色整体较为圆润，拥有柔和的旋律，能够通过节奏上的变化展现动听的音乐。中阮既可以作为独奏乐器演奏，也可以齐奏、重奏、合奏等形式演奏，在演奏形式上既新颖又丰富。本课程汇集了中阮基础知识和弹奏技能，以带领学员培养乐感和音乐欣赏能力，锻炼手脑协调性，促进身心健康发展，弘扬民族弹拨乐文化。

（二）学制与学时

　　本课程按初级班、中级班和高级班设置。
　　初级班：学制 1 年，2 个学期，每学期 16 周，每周 1 次课，每课 2 学时，共 64 学时。
　　中级班：学制 1 年，2 个学期，每学期 16 周，每周 1 次课，每课 2 学时，共 64 学时。
　　高级班：学制 1 年，2 个学期，每学期 16 周，每周 1 次课，每课 2 学时，共 64 学时。

（三）课程对象

　　初级班面向零基础、身体健康、热爱音乐、喜欢中阮演奏的离退休人员。
　　中级班面向初级班结业的学员，或具有一定中阮基础、具备基础乐理知识和视奏能力、掌握基本指法和调式的离退休人员。
　　高级班面向中级班结业的学员，或具有同等水平且有一定乐曲积累、能够自如地使用各调式指法的离退休人员。

二、教学目的

　　通过初级班的学习，学员能够了解中阮的构造特点和演奏姿势，掌握基础乐理知识、调式音阶和节奏类型，提高对音乐的感受能力，弹奏简单的小型乐曲。

通过中级班的学习，学员能够进一步掌握乐理知识和弹奏技能，提高视奏能力和双手协调能力，提升音乐欣赏能力，熟练弹奏小型乐曲。

通过高级班的学习，学员能够掌握综合弹奏技能以及对乐曲艺术处理能力，提升音乐鉴赏力，弹奏具有一定难度的乐曲。

三、 教学原则与方法

根据老年学员的身心特点，遵循启发性、巩固性、量力性、因材施教和理论联系实际的原则，运用讲授法、演示法、练习法、迁移法和创设情境法等方法开展教学。注重讲解与示范相结合，将乐理讲解、示范演奏、技巧训练和乐曲表演穿插进行；注重集体授课和个别辅导相结合，加强对难点和重点的反复训练，巩固教学效果；注重引导和激励相结合，引导学员利用现有知识理解领会新知识，鼓励学员大胆地展示，增强学员的学习兴趣和信心；注重课堂和课外相结合，课堂上通过情景再现，把学员带入艺术实践情境中，加强对音乐情感的理解，课堂外，多给学员创造演出展示的机会，引导学员观赏音乐会，不断提高音乐审美能力和欣赏能力。

四、 教学内容

（一） 初级班

第一学期（32 学时）

1. 讲解阮的基础知识；
2. 掌握右手发力方式及弹挑摆动方向；
3. 弹挑节奏型训练；
4. 固定弹挑手型练习；
5. 弹挑在同一根弦上的练习；
6. 弹挑在不同弦上的练习；
7. 过弦练习；
8. 左手按音动作要领和基本手型；
9. G 调音位表与弦序指序习惯安排；
10. 左手按音练习；
11. 双手配合与固定手型练习；
12. 学习乐曲《小蜜蜂》；
13. 学习乐曲《粉刷匠》；
14. Ⅰ把位换弦练习；
15. 学习乐曲《手挽手》；

16. 学习乐曲《采茶扑蝶》。

第二学期 （32 学时）

1. 回顾复习，恢复基本手型与左右手基本功；
2. 轮奏的种类及动作要领；
3. 短轮练习；
4. 学习乐曲《风车》；
5. 长轮练习（耐力练习）；
6. 学习乐曲《樱花》；
7. 学习乐曲《紫竹调》（上）；
8. 学习乐曲《紫竹调》（下）；
9. 长轮练习《送别》；
10. 学习乐曲《拿波里舞曲》（上）；
11. 学习乐曲《拿波里舞曲》（下）；
12. 《拿波里舞曲》曲目串联讲解；
13. 长轮练习曲《小小的船》；
14. 双弹、双挑动作要领；
15. 学习练习曲《依拉拉》；
16. 双弹、双挑技巧与练习曲强化训练。

（二）　中级班

第一学期 （32 学时）

1. 回顾复习，恢复基本手型与左右手基本功；
2. 轮奏练习《摇篮曲》，加强长轮耐力；
3. 轮奏练习《摇篮曲》，加强左右手配合；
4. 轮奏练习《送别》，讲解右手换弦轮奏；
5. 轮奏练习《送别》，加强换弦轮奏不间断演奏；
6. 降 B 调音阶与上把音阶练习，熟悉定弦；
7. 三度模进练习，学习乐曲《民族团结之歌》（上）；
8. 学习乐曲《民族团结之歌》（下）；
9. 学习乐曲《民族团结之歌》，加强乐曲处理与熟练度把握；
10. 五声音阶切把按音练习，加强模进练习；
11. 学习乐曲《草原放歌》（上）；
12. 学习乐曲《草原放歌》（中）；
13. 学习乐曲《草原放歌》（下）；
14. 学习乐曲《草原放歌》，加强乐曲处理及熟练度掌握；
15. 换弦训练之右手过弦；

16. 换弦训练之左右手配合。

第二学期（32 学时）

1. 换弦练习之右手反挑技法由慢至快匀速练习；

2. 学习乐曲《逛花市》，讲解乐曲结构，读谱乐曲快板与慢板，掌握组合技法乐曲中的实际运用及四十六的变形节奏型；

3. 学习乐曲《逛花市》，读谱乐曲小快板，认识渐慢及无限延长记号，掌握演奏法；

4. 学习乐曲《逛花市》，讲解乐曲整体处理及风格类型，把握曲子整体"快—慢—快"结构；

5. 学习乐曲《逛花市》，复习全曲，乐曲通篇能够流畅演奏，掌握基本标注的情感处理；

6. 短滚练习之讲解练习曲基本演奏技巧；

7. 短滚练习之掌握不同速度下小附点节奏型短轮的轮速与轮数；

8. F 调学习，掌握新调各音高品的准确位置，复习全音、半音关系；

9. F 调上把位音阶与三度模进练习，通过练习曲快速掌握新调左手指法，三度模进跳音较难，慢速练习加深印象；

10. 学习乐曲《弹起热瓦甫》，规范乐曲前半部分技法；

11. 学习乐曲《弹起热瓦甫》，规范乐曲后半部分技法；

12. 学习乐曲《弹起热瓦甫》，掌握乐曲情感处理；

13. 学习乐曲《流》，回顾复习跳房子反复标记符号演奏顺序，讲解乐曲前半部分演奏技巧；

14. 学习乐曲《流》，掌握二把位左手指法，讲解乐曲后半部分演奏技巧；

15. 学习乐曲《流》，整理回顾全曲，演奏流畅，感情处理符号有表达；

16. 复习内容，总结目前为止所学调式、定调及音阶把位，对本学期重点难点进行总结。

（三） 高级班

第一学期（32 学时）

1. 活指练习（上）；

2. 活指练习（下）；

3. 跳音练习（上）；

4. 跳音练习（下）；

5. 跳音练习技巧总结与练习曲串联；

6. Ⅰ、Ⅱ把位指序练习（上）；

7. Ⅰ、Ⅱ把位指序练习（下）；

8. 学习乐曲《花好月圆》（上）；

9. 学习乐曲《花好月圆》（下）；

10. 《花好月圆》全曲讲解与情感处理；

11. 梆子风格技巧练习（上）；

12. 梆子风格技巧练习（中）；

13. 梆子风格技巧练习（下）；

14. 滑音综合练习；

15. 学习乐曲《旱天雷》（上）；

16. 学习乐曲《旱天雷》（下）。

第二学期（32 学时）

1. 弹打带技巧讲解与练习（一）；

2. 弹打带练习曲（二）；

3. 学习乐曲《步步高》（上）；

4. 学习乐曲《步步高》（下）；

5. 学习乐曲《锦上花》（上）；

6. 学习乐曲《锦上花》（中）；

7. 学习乐曲《锦上花》（下）；

8. 学习乐曲《流》（上）；

9. 学习乐曲《流》（中）；

10. 学习乐曲《流》（下）；

11. 换把练习（上）；

12. 换把练习（下）；

13. 学习乐曲《龙灯》（上）；

14. 学习乐曲《龙灯》（下）；

15. 学习乐曲《山行》（上）；

16. 学习乐曲《山行》（下）。

注：任课教师会依据教学进度对每学期授课内容进行调整。

五、 课程考核评价

采取多种形式相结合的考核评价方式。在课堂上，教师对学员回课内容进行作业点评；在学期末，教师组织学员以独奏、合奏的形式进行结业汇报，合格后由学校统一发放结业证书。

六、 教材与参考资料

1. 《跟名师学阮》，徐阳编著，同心出版社，2016 年版。

2. 任课教师自编讲义。

吉 他 弹 奏（唱）

一、课程信息

（一）课程简介

吉他是一种流行乐器，种类繁多，有电吉他、民谣吉他、古典吉他、贝斯吉他、尤克里里吉他、夏威夷吉他等，根弦数从 4 根到 12 根不等且各有其独特的音色和音程。吉他的表现力丰富多彩、音色优美动听，携带方便、弹奏（唱）简单易学，同时锻炼手脑协调性，近年来有很多老年学员加入吉他学习行列。本课程汇集了基础音乐知识、吉他的弹奏方法与技巧等内容，以带动学员热爱吉他演奏艺术，掌握吉他演奏技法，从而实现独立弹唱、合奏合唱，达到愉悦身心、陶冶情操，充实和提高生活质量的目的。

（二）学制与学时

本课程按初级班、中级班和高级班设置。

初级班：学制 1 年，2 个学期，每学期 16 周，每周 1 次课，每课 2 学时，共 64 学时。

中级班：学制 1 年，2 个学期，每学期 16 周，每周 1 次课，每课 2 学时，共 64 学时。

高级班：学制 1 年，2 个学期，每学期 16 周，每周 1 次课，每课 2 学时，共 64 学时。

（三）课程对象

初级班面向零基础、身体健康、热爱音乐、喜欢吉他弹奏的离退休人员。

中级班面向初级班结业的学员，或有一定基础乐理知识，能够较熟练地认识简谱、功能谱，可以弹奏弹唱多种节奏型、掌握相关音乐术语的离退休人员。

高级班面向中级班结业的学员，或具有一定弹唱能力的离退休人员。

二、教学目的

通过初级班的学习，学员能够正确认识吉他的基本构造，掌握持琴的基本姿势以及包括读谱、音程、和弦、旋律等乐理基础知识。

通过中级班的学习，学员能够结合老师对乐曲和乐理知识的教授，在对节奏和指法有一定的了解的基础上，较快地视奏简单的乐曲。

通过高级班的学习，学员能够较快地掌握自弹自唱的技巧方法，独立分析乐曲，完成弹唱作品。

三、教学原则与方法

根据老年学员的身心特点，遵循先易后难、循序渐进、示范教学、因材施教和精讲多练的原则，运用讲授法、演示法、练习法和师生合奏（唱）等方法开展教学。注重乐理讲解、技巧训练和乐曲弹奏相结合，使学员扎实掌握吉他的基础知识和弹奏技能；突出重点和难点的强化训练，采取阶段性复习的方式巩固教学效果；在统讲统教的前提下，视学员的接受能力灵活对待，适当调整教学进度，多鼓励、多巡堂、多实践，调动学员学习的主动性和积极性，引导学员领会音乐语汇和内涵，提升音乐素养，提高音乐表现力。

四、教学内容

（一）初级班

第一学期（32 学时）

1. 认识吉他乐器，吉他的定弦，持琴方法，左右手符号标记，空弦练习，音阶练习；
2. 认识简谱、六线谱、音阶、音程练习曲；
3. 左右手的配合练习，指弹与拨片奏法，C 大调音阶练习，和弦练习；
4. 认识音名唱名，四四拍、四三拍、四二拍，练习曲，F 和弦，学习乐曲《划小船》；
5. 练习 3 个正三和弦：C 和弦、F 和弦、G 和弦，学习乐曲《送别》，旋律练习，指弹和弦练习；
6. 初级乐理知识，节奏训练，乐曲欣赏，复习乐曲《划小船》《送别》；
7. 音阶练习，大三和弦 C 和弦、F 和弦、G 和弦的连接，柱式和弦的弹奏，学习乐曲《红河谷》；
8. 复习《送别》《红河谷》节奏练习；
9. 介绍节拍器及节拍器的使用，复习《送别》《红河谷》，拨片弹奏旋律；
10. 《红河谷》指弹与弹唱练习；
11. 基本节奏练习，附点音符，切分音，练习曲、乐曲；
12. 学习 3 个小三和弦：A 小和弦、D 小和弦、E 小和弦，练习乐曲《小城故事》；
13. 回练小三和弦，乐曲弹唱《小城故事》《山楂树》；
14. 属七和弦：G7 和弦、E7 和弦练习；
15. 综合练习，大小三和弦、属七和弦的乐曲练习；
16. C、F、G、A 小、D 小、E 小、E7、G7 和弦的练习，右手分解和弦弹奏方法。

第二学期（32 学时）

1. 学习乐曲《我和我的祖国》，大小三、七交替练习；

2.《我和我的祖国》弹唱旋律的练习；

3. 学习乐曲《往日时光》弹唱，扫弦练习；

4. 乐曲《往日时光》《知道不知道》《我和我的祖国》练习；

5. 介绍大小调式、五声音阶，乐曲练习；

6. 学习 G 大调乐曲《外婆的澎湖湾》，分析与 C 大调有何不同之处，D 大调和弦练习；

7. 不同节奏的扫弦练习，四分、八分、十六分音符及切分音的节奏练习；

8. 不同节奏的扫弦休止、切音的弹奏练习；

9. 认识大附点、小附点节奏音符的演奏方法；

10. 介绍讲解和声小调的音阶练习，学习乐曲《莫斯科郊外的晚上》；

11.《莫斯科郊外的晚上》弹奏弹唱，拨片及指弹；

12. 拨片旋律练习《往日时光》，伴奏练习《往日时光》，弹唱《往日时光》；

13. 拨片旋律练习《知道不知道》，伴奏练习《知道不知道》，弹唱《知道不知道》；

14. 拨片旋律练习《山楂树》，伴奏练习《山楂树》，弹唱《山楂树》；

15. 拨片旋律练习《莫斯科郊外的晚上》，伴奏练习《莫斯科郊外的晚上》，弹唱《莫斯科郊外的晚上》；

16. 复习本学期所有课程，弹奏弹唱伴奏所学乐曲。

（二） 中级班

第一学期（32 学时）

1. 回顾初级课程，复习三和弦、属七和弦、音阶、音程和所学曲目；

2. G 大调、D 大调和弦练习；

3. 左右手的配合练习，指弹与拨片奏法，弹奏弹唱乐曲《多年以前》《童年》；

4. 练习 B 小和弦、E 小和弦及小七和弦；

5. 乐理知识，节奏训练，乐曲欣赏，复习《多年以前》《童年》；

6. G 大调音阶练习、D 大调音阶练习、F 大调相关小和弦、D 小、A 小、G 小和弦练习，学习乐曲《喀秋莎》《天边》；

7. 复习《喀秋莎》《天边》，A 大和弦、A 七和弦练习，学习乐曲《美丽的草原我的家》；

8. 复习 A 大和弦、A 七和弦，乐曲《朋友》E 七、D 七和弦练习；

9. 复习《朋友》，学习乐曲《呼伦贝尔大草原》；

10. E 七、D 七和弦练习，《呼伦贝尔大草原》C 七和弦、F 七和弦练习；

11. C 七、F 七和弦练习，学习乐曲《茉莉花》；

12. 降 B 大和弦、F 小、C 小和弦练习，学习乐曲《再唱山歌给党听》；

13. 复习降 B 大和弦，F 小、C 小和弦，学习乐曲《萱草花》；

14. 属七和旋：B7 和弦、降 E7 和弦练习；

15. 综合练习，三和弦、属七和弦等连接训练，复习所学歌曲乐曲；

16. 变调夹的使用方法介绍，移调练习各种和弦。

第二学期（32 学时）

1. 学习乐曲《只要平凡》；

2. 升 F 大小和弦练习；

3. 拨片弹奏旋律练习乐曲《红河谷》，快速弹奏方法练习；

4. 复习拨片弹奏旋律《红河谷》，乐曲《美丽的乡村姑娘》轮音练习；

5. 复习拨片弹奏《美丽的乡村姑娘》；

6. 不同大小七和弦练习，弹奏乐曲《天边》《可爱的家》；

7. 复习大小七和弦，《天边》《可爱的家》吉他技巧演奏练习；

8. 巩固吉他技巧练习，弹奏乐曲《啊！朋友再见》；

9. 学习三连音的奏法，学习乐曲《再回首》；

10. 复习三连音的节奏，学习乐曲《亲密爱人》；

11. 《亲密爱人》吉他闷音、断奏练习；

12. 闷音、布鲁斯节奏训练，简单的布鲁斯音阶练习；

13. 和声训练，布鲁斯的 1、4、5 和弦练习及其他，学习乐曲《思念》；

14. 《思念》的旋律、节奏演奏方法练习；

15. 拨片三拍子旋律练习《甜蜜的事业》，合奏伴奏弹唱练习；

16. 复习本学期所有课程，弹奏弹唱伴奏所学乐曲。

（三） 高级班

第一学期（32 学时）

1. 三级和弦的学习与转换；

2. 半音阶练习（异弦同把位上行、下行）；

3. 三级歌曲学习与弹唱；

4. 三级 Dm 和弦左手的手指增加扩展性练习；

5. 三级的 E7 和弦小拇指的按弦练习；

6. 新的 2 种分解和弦模式，提高右手训练；

7. 三级 E7 和弦另一种按法练习；

8. 针对三级和弦进行课外歌曲的弹唱学习；

9. 四级和弦的学习与转换；

10. F 和弦一指、二指的按弦力度练习；

11. Fmaj7 替代 F 和弦练习；

12. 左手扩展加大练习；

13. 学习弹唱乐曲《爱我中华》，F 音阶练习、旋律练习；

14.《爱我中华》分解和弦练习；

15.《爱我中华》合奏、合唱练习；

16. 复习本学期所有课程，弹奏弹唱伴奏所学乐曲。

第二学期（32 学时）

1. 乐理知识；

2. 多种分解和弦练习；

3. 四级和弦练习；

4. 多种扫弦练习；

5. 练习多种大横按和弦，每个音符要做到发声清晰；

6. 练习多种大横按和弦转换；

7. 练习左手大横按和右手拨弦、扫弦技法；

8. 移调的学习与变调夹的使用；

9. 连音、勾弦技巧练习；

10. 击弦、滑弦技巧练习；

11. 扫弦的节奏型的训练（一）；

12. 扫弦的节奏型的训练（二）；

13. 弹唱一组俄罗斯乐曲《灯光》；

14. 弹唱乐曲《请跟我来》；

15. 弹唱乐曲《乡间小路》；

16. 复习本学期所有课程，弹奏弹唱伴奏所学乐曲。

注：任课教师会依据教学进度对每学期授课内容进行调整。

五、 课程考核评价

采取多种形式相结合的考核评价方式。在课堂上，教师对学员回课内容进行作业点评；在学期末，教师组织学员以独奏、合奏的形式进行结业汇报，合格后由学校统一发放结业证书。

六、 教材与参考资料

1.《吉他自学三月通》，刘传编著，中国财富出版社，2017 年版。

2.《最易上手吉他弹唱超精选》，卓飞编著，湖南文艺出版社，2014 年版。

3. 任课教师自编讲义。

非　洲　鼓

一、课程信息

（一）课程简介

非洲鼓通常是指来自西非的金贝鼓，属于西非曼丁文化的代表性乐器。作为徒手打击演奏乐器，非洲鼓的音乐属性被广泛应用于各种场合，已经传播到世界各地。非洲鼓也因为其独有的韵律与节奏感，深受老年学员的喜爱。本课程汇集了非洲鼓的基础知识和演奏技能等内容，以培养学员节奏感和乐感，提高双手协调和手脑协调能力，进而提升音乐素养。

（二）学制与学时

本课程按初级班、提高班设置。

初级班：学制 1 年，2 个学期，每学期 16 周，每周 1 次课，每课 2 学时，共 64 学时。

提高班：学制 1 年，2 个学期，每学期 16 周，每周 1 次课，每课 2 学时，共 64 学时。

（三）课程对象

初级班面向零基础、身体健康、热爱打击乐、喜欢非洲鼓演奏的离退休人员。

提高班面向初级班结业的学员，或具有一定非洲鼓基础知识的离退休人员。

二、教学目的

通过初级班的学习，学员能够掌握基本节奏和节奏型，准确听辨简单的节奏，掌握双手配合拍击节奏的技巧，为继续学习奠定基础。

通过提高班的学习，学员能够掌握较常用节奏和节奏型，准确听辨配乐中的节奏，掌握双手配合拍击节奏的多种技巧，最后能达到独立演奏或者合奏的水平。

三、 教学原则与方法

　　根据老年学员的身心特点，遵循启发性、量力性、循序渐进和理论联系实际的原则，运用讲授法、演示法、练习法和激励法等方法开展教学。注重讲解与示范相结合，将乐理讲解、示范演奏和技巧训练穿插进行；注重集体授课和个别辅导相结合，强化重点和难点的反复训练，采取阶段性复习的方式巩固教学效果；注重趣味性和科学性相结合，建立有效的师生互动，恰当指出不足，充分调动学员的积极性和自信心，提升对节奏的辨识能力和音乐素养，逐步形成良好的审美情趣和积极乐观的生活态度。

四、 教学内容

（一） 初级班

第一学期（32 学时）

1. 认识非洲鼓，了解非洲鼓的起源、打法、尺寸以及如何挑选适合自己的非洲鼓；
2. 学习持鼓姿势，了解基本音色，认识鼓谱，注意手部姿势和敲击位置；
3. 建立节拍概念、了解基本节奏；
4. 左右手交替练习巩固，根据不同速度进行练习；
5. 学习音符与休止符概念，掌握区分时值关系；
6. 学习节拍与节拍器的应用，掌握数拍子、听节奏；
7. 学习不同音色与节奏的组合，掌握基本敲击节奏；
8. 学习打鼓的出手顺序，掌握看谱打鼓点；
9. 学习初级难度一级入门歌曲《掀起你的盖头来》；
10. 四分音符与八分音符练习，掌握低音、中音组合；
11. 学习初级难度一级入门歌曲《童年》《一瞬间》；
12. 基本演奏手法一：BASS，掌握手背、手指发力方式；
13. 基本演奏手法二：OPEN，体会 Djembe 发出的开放共鸣；
14. 基本演奏手法三：SLAP 的敲击方法及练习；
15. 学习初级难度一级入门歌曲《发现爱》《生日歌》；
16. 复习本学期内容。

第二学期（32 学时）

1. 巩固低音 B 打法，落下重心在掌心；
2. 巩固中音 T 打法，落下重心在指肚；
3. 巩固 S、s 音练习，落下重心在指肚；
4. 巩固左右手标记 L/R 练习，保持节奏稳定；

5. 4/4 拍节奏练习，掌握不同拍子的强弱区别；

6. 学习八分休止符、十六分音符，掌握低音、中音、休止；

7. 巩固八分休止符、十六分音符，掌握低音、中音、休止；

8. 学习初级难度二级入门歌曲《龙卷风》《简单爱》；

9. 复习初级难度二级入门歌曲《龙卷风》《简单爱》；

10. 学习初级非洲鼓爆红歌曲《小宝贝》；

11. 复习初级非洲鼓爆红歌曲《小宝贝》；

12. 学习初级非洲鼓爆红歌曲《一瞬间》；

13. 复习初级非洲鼓爆红歌曲《一瞬间》；

14. 学习初级非洲鼓流行歌曲《布谷鸟》；

15. 复习初级非洲鼓流行歌曲《布谷鸟》；

16. 复习本学期内容。

（二）提高班

第一学期（32 学时）

1. 基本功训练，手法与节拍的练习；

2. 基本功训练，左、右手配合练习；

3. 基本功训练，拍子、节奏、手法配合练习；

4. 学习节奏型三连音，并配合音乐练习；

5. 巩固节奏型三连音，并配合音乐练习；

6. 学习节奏型前八后十六，配合音乐练习；

7. 巩固节奏型前八后十六，配合音乐练习；

8. 学习节奏型前十六后八，配合音乐练习；

9. 巩固节奏型前十六后八，配合音乐练习；

10. 学习符点、切分，配合音乐练习；

11. 巩固符点、切分，配合音乐练习；

12. 学习非洲鼓流行歌曲《孤勇者》；

13. 复习非洲鼓流行歌曲《孤勇者》；

14. 学习非洲鼓流行歌曲《少年》；

15. 复习非洲鼓流行歌曲《少年》；

16. 学期总结汇报。

第二学期（32 学时）

1. 巩固上学期学习内容；

2. 曲风理解训练；

3. 学习非洲鼓爵士曲目《蓝色狂想曲》；

4. 复习非洲鼓爵士曲目《蓝色狂想曲》；

5. 学习非洲鼓摇滚曲目《平凡之路》；

6. 复习非洲鼓摇滚曲目《平凡之路》；

7. 介绍基础节奏练习与乐曲欣赏，节奏、速度要点；

8. 学习非洲鼓流行歌曲《遥远的她》；

9. 复习非洲鼓流行歌曲《遥远的她》；

10. 介绍基础节奏练习与乐曲欣赏，力度区别；

11. 学习非洲鼓民谣风格歌曲《在云端》；

12. 复习非洲鼓民谣风格歌曲《在云端》；

13. 介绍基础节奏练习与乐曲欣赏，曲风把握；

14. 学习非洲鼓经典摇滚乐《Hotel California》；

15. 复习非洲鼓经典摇滚乐《Hotel California》；

16. 学期总结汇报。

注：任课教师会依据教学进度对每学期授课内容进行调整。

五、 课程考核评价

采取多种形式相结合的考核评价方式。在课堂上，教师对学员回课内容进行作业点评；在学期末，教师组织学员以独奏、合奏的形式进行结业汇报，合格后由学校统一发放结业证书。

六、 教材与参考资料

1. 《非洲鼓考级教程》，上海市打击乐协会编著，上海音乐出版社，2011 年版。

2. 任课教师自编讲义。

生活

艺术类

数码影像的前期拍摄

一、 课程信息

（一） 课程简介

　　摄影，是使用某种专门设备进行影像记录的全过程（包括前期拍摄和后期处理），通过反映社会生活与自然现象，表达作者思想情感的一种艺术样式。如今，摄影已经成为一种普及率高、大众化强的行为艺术，是一项有益于身心健康的文化活动，深受老年学员喜爱。本课程注重将技术性与艺术性相结合，系统讲授摄影设备的基础理论、基本拍摄技法、常用场景摄影等内容，培养学员的摄影实践技能和欣赏水平，提升艺术修养，丰富生活情趣。

（二） 学制与学时

　　学制 2 年，4 个学期，每学期 16 周，每周 1 次课，每课 2 学时，共 128 学时。

（三） 课程对象

　　身体健康、有一定文化水平、爱好摄影并有摄影器材的离退休人员。

二、 教学目的

　　通过本课程的学习，学员能够初步掌握摄影的基本知识和操作技术，熟练掌握构图、用光等摄影技能以及题材摄影的方法与技巧，能将摄影技巧灵活应用到实际拍摄中，具备良好的主题表现能力和摄影艺术鉴赏水平。

三、 教学原则与方法

　　根据老年学员的身心特点，遵循由浅入深、循序渐进、因材施教和理论联系实际的原则，运用讲解法、直观演示法、启发法和练习法等方法开展教学。充分运用现代化教学手段和通俗易懂的教学语言，注重将理论讲解与形象教学相结合，将课堂学习与拍摄实践相结合，将作品赏析与作业讲评相结合，将交流研讨和问题解答相结合，保持教学内容的系统性和连贯性，突出知识学习的实用性和实践性，切实提高学员的艺术修养和拍摄技术。

四、 教学内容

第一学期（32 学时）

　　1. 数码相机的介绍及设置；
　　2. 镜头的介绍及设置；
　　3. 摄影附件介绍及设置。

第二学期（32 学时）

　　1. 测光与曝光；
　　2. 对焦；
　　3. 控制景深；
　　4. 拍摄。

第三学期（32 学时）

　　1. 摄影构图（情感表达）；
　　2. 摄影用光（构图的一部分）；
　　3. 色彩（构图的一部分）；
　　4. 什么是好照片（摄影美学）？

第四学期（32 学时）

　　1. 景物摄影的创作（含建筑、花鸟、宠物、慢门、多曝、光绘、红外、延时、全景等）；
　　2. 人物摄影的创作（含肖像、儿童、舞台、纪念照、热靴、扫街等）；
　　3. 静物摄影的创作（含微距、翻拍等）。
　　注：任课教师会依据教学进度对每学期授课内容进行调整。

五、 课程考核评价

　　本课程考核侧重对教学内容的理解应用能力，通过课堂练习、学习交流以及提交作品等方式，对学员需要掌握的基础知识和操作技能给出相应的评价，合格后由学校统一发放结业证书。

六、 教材与参考资料

1. 任课教师自编讲义。
2. 各类与摄影有关的书籍和视频，学员可根据自身需要购买或下载。

数码影像的后期处理

一、课程信息

(一) 课程简介

数码影像的后期处理即通过使用功能强大的数字图像处理软件（如 Adobe Photoshop）弥补前期拍摄的不足，提高图像的品质，也可以对图像进行创造性的发挥，是学习摄影不可或缺的一部分，深受老年学员的喜爱。本课程注重将电脑技术与视觉艺术相结合，系统讲授数字图像处理软件的常用功能及操作方法，培养学员处理图像的实际应用和艺术审美的能力，陶冶情操，丰富生活。

(二) 学制与学时

学制 2 年，4 个学期，每学期 16 周，每周 1 次课，每课 2 学时，共 128 学时。

(三) 课程对象

身体健康，具有一定的前期拍摄经验和计算机操作能力的离退休人员。

二、教学目的

通过本课程的学习，学员能够了解图像处理软件 Adobe Photoshop 的特点及应用领域，熟悉数字图像处理的基本原理和一般流程，掌握图像通道、图层、选区、蒙版等基本概念和使用方法，能够灵活运用各种处理技术对图像进行影调和色调的处理，达到美化图像的效果，从而提高学员对图像还原和创作的综合能力。

三、教学原则与方法

根据老年学员的身心特点，遵循由简到繁、循序渐进、因材施教、突出实用性等原则，运用兴趣激励法、形象演示法和操作实践法等方法开展教学。在教学中，注重调动老年学员的学习积极性，针对重点、难点着重讲解，教学内容可根据学员掌握程度进行相应调整。强调集中教学与个别辅导相结合，将教师讲解示范与学员实际操作穿插进行，精讲多练、反复演示、适时讨论，形成教与学的合力，切实提高学员的审美能力和修图水平。

四、 教学内容

第一学期（32 学时）

1. 介绍授课内容、学习目的与意义，建立正确的后期制作理念；
2. 认识 Adobe 的 3 款常用图像处理软件（工作界面与基本功能）；
3. 使用 Adobe Camera Raw 处理图像。

第二学期（32 学时）

1. 什么是数码图像；
2. 什么是通道和图层；
3. 如何调整影调；
4. 如何校正色调。

第三学期（32 学时）

1. 局部处理的概述；
2. 什么是选区；
3. 什么是蒙版；
4. 局部处理的方法；
5. 图像的锐化与柔化；
6. 图像的输出。

第四学期（32 学时）

1. 黑白图像的制作；
2. 画面效果的制作；
3. 如何抠图；
4. 如何磨皮；
5. 画意的制作；
6. 图像的合成（堆栈）；
7. 文字与相框的制作；
8. 常见外挂滤镜的使用。

注：任课教师会依据教学进度对每学期授课内容进行调整。

五、 课程考核评价

本课程考核侧重对教学内容的理解应用能力，通过课堂练习、学习交流以及提交作品等方式，对学员需要掌握的基础知识和操作技能给出相应的评价，合格后由学校统一发放结业证书。

六、 教材与参考资料

1. 任课教师自编讲义。
2. 各类与摄影有关的书籍和视频，学员可以根据需要购买或下载。

非 遗 剪 纸

一、课程信息

（一） 课程简介

　　剪纸，作为中国老百姓喜闻乐见的传统民间艺术，千百年来在立意于传承中华优秀传统文化的同时，逐渐与社会生活、风俗习惯相互融合，以愈发纯熟的剪纸、刻纸、撕纸等制作方法技艺，不断丰富传统民间喜庆色彩、造型表现形式，美化生活、装点人生、企盼吉祥，兼具审美艺术价值和商品价值，作为人类非物质文化遗产享誉国内外。

（二） 学制与学时

　　学制 2 年，4 个学期，每学期 16 周，每周 1 次课，每课 2 学时，共 128 学时。

（三） 课程对象

　　爱好剪纸艺术的离退休人员。

二、教学目的

　　通过本课程学习，学员能够初步了解剪纸的历史、文化、技法等知识，感受其作为世界非物质文化遗产所蕴含的民间艺术特质；通过亲自动手制作剪纸，手脑并用、启迪心智，全面提升和培养老年学员的思维、动手能力，体会蕴含其中的艺术境界和价值，调动老年学员创作思维，延缓脑力衰退；丰富退休生活、发挥自身余热，用自己创作的剪纸艺术作品装点美化生活，激发审美情感，提高艺术鉴赏力，在日常生活中宣传和传承中国剪纸传统文化。

三、教学原则与方法

　　根据老年学员的身心特点，以课堂讲授为主阵地，由浅入深、从简到繁，让学员逐步了解和掌握剪纸艺术的整体特征，熟悉工具材料的选择使用方法，实操环节循序渐进地由临摹入手，充分利用互联网资源查找适合临摹剪纸作品范本，运用多媒体教学方式，放大细节、探索规律，反复示范演练技艺重点难点，通过系统的临摹训练打好基本功。开展作品展示与点评，对学员作业作品定期进行比较点评，对学员以鼓励为主、纠正为辅，在点评中融入对剪纸的画面构成和意趣之美的讲解，注重激发和培养学员学习兴趣，最终达到具备自主创作能力的目的。

四、教学内容

第一学期（32 学时）

（一）教学内容及要点

1. 剪纸的历史、文化、内涵和寓意；
2. 剪纸的技法：6 个基础纹样（点纹、月牙纹、柳叶纹、云纹、锯齿纹、直纹）；
3. 制作团花剪纸，对称剪纸和简单的不对称剪纸。

（二）教学进度安排

1. 剪纸的历史、文化、内涵和寓意；
2. 四折团花剪纸；
3. 六折团花剪纸；
4. 五折团花剪纸；
5. 对称蝴蝶；
6. 对称金鱼；
7. 对称石榴；
8. 对称葫芦；
9. 对称兔儿爷；
10. 对称宫灯；
11. 鱼戏莲；
12. 福寿三多；
13. 喜上眉梢；
14. 福娃一；
15. 福娃二；
16. 福娃三。

第二学期（32 学时）

（一）教学内容及要点

1. 制作不对称剪纸；
2. 掌握基础吉祥搭配的寓意；
3. 初步掌握自绘稿样。

（二）教学进度安排

1. 福娃四；

2. 福娃五；

3. 福娃六；

4. 马上封侯；

5. 玉兔望月；

6. 北京风情1；

7. 北京风情2；

8. 北京风情3；

9. 北京风情4；

10. 北京风情5；

11. 北京风情6；

12. 北京风情7；

13. 北京风情8；

14. 鱼化龙；

15. 龙凤呈祥；

16. 马到成功。

第三学期（32学时）

（一）教学内容及要点

1. 制作较复杂的不对称剪纸；

2. 初步了解设计稿样原则。

（二）教学进度安排

1. 福禄寿；

2. 五子夺魁；

3. 富贵有余；

4. 确幸有你；

5. 燕过无忧；

6. 显赫有名；

7. 五福捧寿；

8. 盆栽梅；

9. 盆栽兰；

10. 盆栽竹；

11. 盆栽菊；

12. 上善若水；

13. 白鹭成双；

14. 岁寒三友；

15. 对儿鱼；

16. 鹤鹿同春。

第四学期（32 学时）

（一）教学内容及要点

1. 制作复杂的不对称剪纸；
2. 掌握一定的设计稿样能力。

（二）教学进度安排

1. 大团花（中间自行设计）；
2. 门神 1；
3. 门神 2；
4. 十二生肖鼠；
5. 十二生肖牛；
6. 十二生肖虎；
7. 十二生肖兔；
8. 十二生肖龙；
9. 十二生肖蛇；
10. 十二生肖马；
11. 十二生肖羊；
12. 十二生肖猴；
13. 十二生肖鸡；
14. 十二生肖狗；
15. 十二生肖猪；
16. 福字。

五、 课程考核评价

本课程考核侧重对教学内容的理解应用能力，通过课堂练习、学习交流以及提交作品等方式，对学员需要掌握的基础知识和操作技能给出相应的评价，合格后由学校统一发放结业证书。

六、 教材与参考资料

任课教师自编讲义。

古 典 文 学 欣 赏

一、课程信息

（一）课程简介

中国古典文学是中华民族最宝贵的文化遗产之一，是中国悠久历史、丰厚文化底蕴的集中表现形式和重要组成部分，具有高尚的文化品位、深厚的文化底蕴、深刻的伦理价值，深受老年学员欢迎。本课程通过系统解读唐宋时期重要的作家、作品、文学事件，引导学员了解其中异彩纷呈的思想内容和艺术特色，帮助学员开阔视野、陶冶情操，提高审美情趣、文学素养和文化涵养。

（二）学制与学时

学制 3 年，6 个学期，每学期 16 周，每周 1 次课，每课 2 学时，共 192 学时。

（三）课程对象

爱好中国古典文学的离退休人员。

二、教学目的

通过本课程的学习，学员能够进一步了解和传承源远流长、博大精深的中华传统文化，增强民族自信心和自豪感；培养学员阅读、欣赏、分析中国古代文学作品的能力，较全面地了解中国古代著名作家及其代表作品，增加文学知识，在前人深刻思想、精湛哲理的熏陶中，博古而通今，涵养自身品德素质；借鉴经典作品的题材、主旨、感情、意象等写作方法技巧和风格特色，初步培养写作古体诗词的能力。

三、教学原则与方法

根据老年学员的身心特点，遵循深入浅出、化繁为简，循序渐进、教学相长的原则，运用讲授法、讨论法、品读法、比较法等方法进行教学。注重结合作者人生经历、创作背景和社会实际，注重课程内容的前后照应和连贯，指导学员在疏通文字大意的基础上重点赏析作品的思想内容和艺术特点，力求通俗易懂，知识性和趣味性相结合，同时保持中国古典文学应有的学术品位。

四、教学内容

第一学期（32 学时）

（一）教学内容及要点

1. 初步了解唐诗的基本知识；

2. 初步了解初盛唐时期的历史背景与时代风貌；

3. 了解初盛唐诗歌发展的基本趋势和特点；

4. 了解初盛唐重要诗人的生平和创作。

（二）教学进度安排

1. 唐诗阅读基本知识；

2. 初唐诗的探索（上）：宫廷诗人群体；

3. 初唐诗的探索（下）：初唐四杰、陈子昂；

4. 盛唐气象（上）：边塞诗派；

5. 盛唐气象（下）：山水田园诗派；

6. 诗佛王维；

7. 诗仙李白；

8. 诗圣杜甫。

第二学期（32 学时）

（一）教学内容及要点

1. 初步了解中晚唐时期的历史背景与时代风貌；

2. 了解中晚唐诗歌发展的基本趋势和特点；

3. 了解中晚唐重要诗人的生平和创作；

4. 基本掌握中国古代诗歌欣赏的基本知识与方法。

（二）教学进度安排

1. 大历诗坛：韦应物、刘长卿、大历十才子；

2. 诗到元和体变新（上）：元白诗派；

3. 诗到元和体变新（中）：韩孟诗派；

4. 诗到元和体变新（下）：柳宗元、刘禹锡、李贺；

5. 夕阳无限好（上）：李商隐、温庭筠；

6. 夕阳无限好（下）：晚唐诗坛；

7. 唐末诗坛（上）：杜荀鹤、罗隐、聂夷中；

8. 唐末诗坛（下）：韦庄、韩偓。

第三学期（32 学时）

（一）教学内容及要点

1. 初步了解宋词的基本知识；

2. 初步了解唐末至北宋时期的历史背景与时代风貌；

3. 了解唐末至北宋词发展的基本趋势和特点；

4. 了解唐末至北宋重要词人的生平和创作。

（二）教学进度安排

1. 宋词阅读基本知识：词的体制、历史和阅读方法；

2. 从伶工词到士大夫词：唐五代词概说；

3. 斜阳却照深深院：从晏殊到欧阳修；

4. 自是白衣卿相：柳永的生平与创作；

5. 一蓑烟雨任平生：苏轼的生平与创作；

6. 儿女情·英雄气：苏门学士；

7. 马滑霜浓：周邦彦与宋词大成。

第四学期（32 学时）

（一）教学内容及要点

1. 初步了解南宋时期的历史背景与时代风貌；

2. 了解南宋词发展的基本趋势和特点；

3. 了解南宋重要词人的生平和创作；

4. 基本掌握词的欣赏的基本知识与方法。

（二）教学进度安排

1. 怎一个愁字了得：李清照与南渡词坛；

2. 心在天山，身老沧洲：陆游的生平与创作；

3. 醉里挑灯看剑：辛弃疾的生平与创作；

4. 冷香飞上诗句：姜夔的生平与创作；

5. 腻水染花腥：吴文英的生平与创作；

6. 余子谁堪共酒杯：辛派词人；

7. 何人重赋清景：姜派词人。

第五学期（32 学时）

（一）教学内容及要点

1. 初步了解古代散文的基本知识；

2. 初步了解厅壁记文、书信文、书序文、赠序文等文体的主要特征；

3. 了解唐宋重要文人的生平和创作。

（二）教学进度安排

1. 古代散文阅读基本知识；

2. 厅壁记文：李华《中书政事堂记》，韩愈《蓝田县丞厅壁记》；

3. 书信文：王维《山中与裴秀才迪书》，李白《与韩荆州书》，柳宗元《答韦中立论师道书》，韩愈《后廿九日复上宰相书》，苏洵《上欧阳内翰第二书》，欧阳修《与高司谏书》，苏轼《答秦太虚书》，苏轼《答李端叔书》；

4. 书序文：柳宗元《愚溪诗序》，元稹《白氏长庆集序》，杜牧《李贺集序》，欧阳修《梅圣俞诗集序》，苏轼《六一居士集叙》，李清照《金石录后序》；

5. 赠序文：韩愈《送董邵南游河北序》，韩愈《送孟东野序》，柳宗元《送僧浩初序》，曾巩《赠黎安二生序》。

第六学期（32 学时）

（一）教学内容及要点

1. 初步了解古代散文的基本知识；

2. 初步了解论辩文、传状文、游记文、杂记文、碑志文等文体的主要特征；

3. 了解唐宋重要文人的生平和创作。

（二）教学进度安排

1. 论辩文：欧阳修《伶官传序》《朋党论》，苏洵《六国论》《管仲论》，苏轼《留侯论》，苏辙《六国论》；

2. 传状文：韩愈《赠太傅董公行状》，柳宗元《段太尉逸事状》《种树郭橐驼传》《童区寄传》，白居易《醉吟先生传》，欧阳修《六一居士传》；

3. 游记文：柳宗元《至小丘西小石潭记》《袁家渴记》，王安石《游褒禅山记》，苏轼《石钟山记》；

4. 杂记文：阎伯理《黄鹤楼记》，范仲淹《岳阳楼记》，欧阳修《醉翁亭记》，曾巩《墨池记》，苏轼《文与可画筼筜谷偃竹记》；

5. 碑志文：韩愈《柳子厚墓志铭》，元稹《唐故工部员外郎杜君墓系铭并序》，苏轼《潮州韩文公庙碑》。

注：任课教师会依据教学进度对每学期授课内容进行调整。

五、 课程考核评价

本课程以学员日常上课即时互动反馈情况、课后写作及阅读作业完成情况等过程性评价方式为主，学期结束时采用课堂讨论、座谈等形式，分享学习感悟，帮助学员做学习小结。合格后由学校统一发放结业证书。

六、 教材与参考资料

1.《中国古代文学史》，北京师范大学文学院组编，北京师范大学出版社，2019

年版。

2.《中国古代文学名篇导读》，过常宝、康震主编，北京师范大学出版社，2020年版。

3.《唐诗鉴赏辞典》，周啸天主编，商务印书馆，2021年版。

4.《宋词鉴赏辞典》，唐圭璋等编，商务印书馆，2021年版。

5.《诗词格律十讲》，王力著，商务印书馆，2009年版。

6.《诗文声律论稿》，启功著，中华书局，2002年版。

7.《唐诗选》，马茂元选注，上海古籍出版社，2017年版。

8.《唐人七绝诗浅释》，沈祖棻著，中华书局，2008年版。

9.《宋词选》，胡云翼选注，上海古籍出版社，2017年版。

10.《唐宋名家词选》，龙榆生编选，中华书局，2018年版。

旅 游 英 语 口 语

一、 课程信息

(一) 课程简介

　　旅游英语口语是一门培养英语口头表达和语言交际能力的单项技能性课程。教学内容是根据老年学员的英语学习兴趣，以及在国内与以英语为第一或第二语言的非汉语人群的英语口头沟通，或出国旅行、探亲、访友等语言交际场景的需求设置。开设本课程旨在帮助老同志适应我国日益加深的对外开放环境，促进其与各国人民之间的友好交往。

(二) 学制与学时

　　学制 3 年，6 个学期，每学期 16 周，每周 1 次课，每课 2 学时，共 192 学时。

(三) 课程对象

　　具有英语学习意愿和需求的离退休人员。

二、 教学目的

　　通过本课程的学习，学员能够就日常生活中的一般会话场景进行连贯发言，确切表达个人需求；能够做到语音语调基本准确，语言结构基本正确，从而达到增强学员使用英语交流的自信心，提升学员口语表达能力的目的。帮助退休后爱好英语、喜欢用英语交流的学员增强其在国内与以英语为第一或第二语言的非汉语人群的口头沟通能力（如帮助外国友人指路或陪同游玩等）；帮助喜爱周游世界的学员了解域外风土人情、扫除语言沟通障碍；帮助在国外旅游探亲、定居的学员更好地适应当地的生活环境、融入当地社会打好英语基础。

三、 教学原则与方法

　　根据老年学员的身心特点，遵循关爱性、实用性、差异性和实操性的原则，运用讲授法、情境法、讨论法等方法进行教学。关注学习情感因素，通过讲授一些异国的文化历史、奇闻趣事，融入国外的社交礼仪辅导等新颖课程，营造轻松愉快的学习氛围，减缓紧张情绪，提高学习自信心；关注学习动机，在制定目标词汇时，重点围绕出国旅游、探亲访友、境外购物等主题来展开教学，增强学员的学习兴趣；关注个体差异，做到集中教学与个别辅导相结合，课堂学习与课外练习相结合，切忌强求一律；注重实际操练，富于启迪性，采取问答、复述、讨论、讲故事、表演等富于激发英语学习兴趣的课堂活动方式，让学员在每一次参与中有所收获，以便达到教学目的。

四、 教学内容

第一学期（32 学时）

（一）教学内容及要点

1. 初步学习在飞机上常用的 38 个简单用句；

2. 初步学习在飞机上与人打招呼、提出个人需求、点餐及购物等简单情景会话；

3. 能听、会说与上述会话相关的 120 个单词；

4. 了解并学习 48 个国际音标及其发音方法。

（二）教学进度安排

1. 登机及起飞前打招呼、简单指令用语，国际音标及其分类，4 个前元音 [iː]、[i]、[e]、[æ] 的发音方法；

2. 3 个提出个人需求的情景会话，3 个中元音 [əː]、[ə]、[ʌ] 的发音方法，6 个辅音爆破音 [p]、[b]、[t]、[d]、[k]、[g] 的发音方法；

3. 询问飞机到达时间及相关需求情景会话，5 个后元音 [u]、[uː]、[ɔ]、[ɔː]、[aː] 和 10 个辅音摩擦音 [θ]、[ð]、[f]、[v]、[s]、[z]、[ʃ]、[ʒ]、[h]、[r] 的发音方法；

4. 在飞机上点餐的情景会话，合口双元音 [ei]、[ai]、[ɔi]、[au]、[əu] 及其发音特点，6 个辅音破擦辅音音素 [tʃ]、[dʒ]、[tr]、[dr]、[ts]、[dz] 的读音方法；

5. 飞机上发放海关申报表及售卖免税商品时的会话，集中双元音 [iə]、[eə]、[ʊə] 以及鼻辅音 [m]、[n]、[ŋ]，舌侧音 [l] 和半元音 [w]、[j] 的读音方法；

6. 通过视频、音频等语言材料巩固和提高英语听说能力，利用情景设计、角色表演巩固和应用全学期的口语知识和技能。

第二学期（32 学时）

（一）教学内容及要点

1. 学习"在飞机上、机场转机及行李提取"等相关场景用句 85 个；

2. 能听、会说与上述会话相关的单词 125 个；

3. 学习元音字母的读音规则；

4. 学习英语口语中"不完全爆破"的语音现象。

（二）教学进度安排

1. 在飞机上（调换座位、个人需求、机上餐饮），语音知识：元音字母 a、e、i、o、u 在重读开音节中的读音和"爆破音与爆破音相遇出现的不完全爆破"现象，扩展语句、课后练习；

2. 转机（询问转机手续、寻找转机登机口、询问应急渠道），元音字母 a、e、i、o、u 在重读闭音节中的读音和"爆破音与摩擦音相遇时出现的不完全爆破"现象，扩展语句、课后练习；

3. 行李提取（询问如何到达行李提取区、滞后提取行李、行李丢失），元音字母 a、e、i、o、u 在－r 音节中的读音和"爆破音与鼻辅音、舌侧音相遇时出现的不完全爆破"，扩展语句、课后练习；

4. 通过视频、音频等语言材料巩固和提高英语听说能力，利用情景设计、角色表演巩固并应用全学期的口语知识和技能。

第三学期（32 学时）

（一）教学内容及要点

1. 学习"通过海关、打出租车或租车和用英语打电话"等相关场景用句 60 个；

2. 能听、会说与上述会话相关的单词 135 个；

3. 学习字母组合－ai、－ay、－are、－ere、－ire、－ore、－ure、－ea、－ee 的读音规则；

4. 学习英语口语中的"连读"现象。

（二）教学进度安排

1. 通过海关 3 个情景会话，字母组合－ai、－ay 的读音规则和"辅音字母与元音字母的连读"，扩展语句、课后练习；

2. 打出租车或租车等 3 个情景会话，字母组合－are、－ere、－ire、－ore、－ure 的读音规则和"辅音字母与辅音字母的连读"，扩展语句、课后练习；

3. 电话用语（接听电话、电话问路、给失物招领处电话），字母组合－ea、－ee 的读音规则和"元音字母与元音字母的连读"，扩展语句、课后练习；

4. 通过视频、音频等语言材料巩固和提高英语听说能力，利用情景设计、角色表演巩固和应用全学期的口语知识和技能。

第四学期（32 学时）

（一）教学内容及要点

1. 学习"入住酒店和客房服务、指路问路"等相关场景用句 95 个；

2. 能听、会说与上述会话相关的单词 150 个；

3. 学习字母组合－ear、－oa、－ou、－oi、－oy 的读音；

4. 句子的语调训练（升调、降调、升调降调混合）。

（二）教学进度安排

1. 入住酒店 3 个对话，字母组合－ear 的读音规则和句子的升调训练，扩展语句、课后练习；

2. 客房服务、洗衣服务、要求调换房间，字母组合－oa、－ou 的读音规则和句子的降调训练，扩展语句、课后练习；

3. 指路问路（怎样到达大都会艺术博物馆、寻找指定的中国餐馆、用地图指路问路），字母组合－oi、－oy 的读音规则和句子的升调降调混合句子训练，扩展语句、课后练习；

4. 通过视频、音频等语言材料巩固和提高英语听说能力，利用情景设计、角色表演巩固和应用全学期的口语知识和技能。

第五学期（32 学时）

（一）教学内容及要点

1. 学习在"观光游览、咖啡厅及餐馆点餐时"的相关句子 85 个；

2. 能听、会说与上述会话相关的单词 166 个；

3. 学习字母组合－oo、－ow、－sion、－tion 的读音规则；

4. 学习句子的重音。

（二）教学进度安排

1. 观光旅游（参观卢浮宫、游悉尼、参观大都会艺术博物馆），字母组合－oo 的读音规则，句子中实词的重读，扩展语句、课后练习；

2. 在快餐店点餐、在咖啡厅点餐，字母组合－ow 的读音规则，句子中在其他情况下的重音，扩展语句、课后练习；

3. 餐馆点餐（无预订点餐、预订座位后点餐、上错餐），字母组合－sion、－tion 的读音规则，句子中功能词的弱读（连词和引导词的弱读），扩展语句、课后练习；

4. 通过视频、音频等语言材料巩固和提高英语听说能力，利用情景设计、角色表演巩固和应用全学期的口语知识和技能。

第六学期（32 学时）

（一）教学内容及要点

1. 学习"购物、退房及机场值机"等相关场景用句 90 个；

2. 能听、会说与上述会话相关的单词 80 个；

3. 学习字母组合 ture、dge、－ph、－sh、－ch、－igh、－kn、－nk、－qu、－ng 的读音规则；

4. 继续学习功能词的弱读，缩读和意群停顿等语音现象。

（二）教学进度安排

1. 购物（鞋店买鞋、超市购物、退换货物），字母组合－ture、－dge 的读音和句子中功能词的弱读（介词、小品词和冠词的弱读，助动词的弱读，名词前 some 的弱读，代词 us 的弱读），扩展语句、课后练习；

2. 酒店退房（正常退房、退房后要求往机场送行李服务、提前退房），字母组合－ph、－sh、－ch、－igh 的读音规则，语法缩读和句子的意群停顿，扩展语句、课后练习；

3. 机场值机（行李超限、提出座位要求、改签机票），字母组合－kn，－nk，－qu，－ng 的读音规则和口语缩读，扩展语句、课后练习；

4. 通过视频、音频等语言材料巩固和提高英语听说能力，利用情景设计、角色表演巩固和应用全学期的口语知识和技能。

注：任课教师会依据教学进度对每学期授课内容进行调整。

五、课程考核评价

本课程日常采取口头测试（如朗读、小组情景表演）和课外作业等方式考评，学期结束后开展结业式汇报演出，通过编排英语歌曲、情景短剧等形式，综合考核学员英语口语表达能力，合格后由学校统一发放结业证书。

六、教材与参考资料

《旅游英语（水利部老年大学系列教材）》，李慧敏、张欣主编，中国水利水电出版社，2022 年版。

中 国 茶 文 化

一、课程信息

（一）　课程简介

中国是茶的发源地，建立了完善的茶体系，发展出特有的茶文化。在茶文化形成与发展的过程中，古人通过对茶树种植管理、制茶技术、茶艺技法、品茗艺术等方面的实践探索，将茶叶作为题材或元素不断融入文学艺术、民俗民间文化，淬炼传递出茶文化中蕴含的审美情趣、精神信仰、思想感情等。本课程以茶的知识为主线，以茶的精神为内核，内容包括茶文化发展史，茶叶的基础知识，以及冲泡方式示范与原理讲解等茶艺训练内容，从茶文化角度为老年学员打开了解中国的历史、地理及文化的新视窗，在茶香中体会中国传统人文美学与智慧，达到提高生活品质和健康养生的目的。

（二）　学制与学时

学制 2 年，4 个学期，每学期 16 周，每周 1 次课，每课 2 学时，共 128 学时。

（三）　课程对象

喜爱并有志于传播茶文化的离退休人员。

二、　教学目的

通过本课程的学习，学员能够了解茶文化历史以及茶的分类、制作、功效、礼仪等基础知识，掌握品茶、鉴茶能力；学习领悟我国学者提出的"廉、美、和、敬""和、静、怡、真"等茶道精神，树立文化自信，具备对茶文化的传承、推广的能力；通过对备茶、制茶、奉茶、请茶等一系列茶事活动和礼仪动作的学习，体验中华民族独特的处世观念和行为规范，建立健康人际关系、健康饮茶、陶冶情操。

三、 教学原则与方法

　　根据老年学员的身心特点，坚持循序渐进、因材施教、举一反三原则，运用讲授法、演示法、讨论法等方法进行教学。强调学习活动的过程管理，根据学员的学习状态、教学内容、能力差异等，适时调整课程目标，增强灵活性；设置课程阶段性、范例性目标任务，包含任务描述、教师演示、自己动手、相关知识等环节，把茶识别、分类、茶礼等内容融合在茶艺实操过程之中，减少知识性的理论式讲解，增强课程体验感、互动感、趣味性；注重茶文化环境营造，完善茶具陈列、播放古典音乐等；组织学员到茶园、茶馆等地方进行现场式、实践式教学等，身临其境、开阔视野。

四、 教学内容

第一学期（32 学时）

　　1. 茶叶的本源。

　　（1）从远古至先秦及两汉时期的茶叶发展之路；

　　（2）唐宋以后的茶叶发展之路；

　　（3）宋、元、明、清的茶叶发展之路。

　　2. 茶叶的分类。

　　（1）基本分类：绿茶、红茶、白茶、黄茶、黑茶、再加工茶类（以各种毛茶或精制茶再加工而成）；

　　（2）按季节分类：春茶、夏茶、秋茶、冬茶。

　　3. 万里茶路。

第二学期（32 学时）

　　1. 行茶仪轨、茶席常在——茶席的基本布置和礼仪。

　　2. 六大茶类的品鉴及冲泡品饮技巧。

　　（1）黑茶之欢——黑茶发展简史，黑茶的冲泡、煮饮技巧；

　　（2）易武之味——云南古茶山六大茶品中普洱茶的品鉴；

　　（3）熟茶真味——详解云南普洱熟茶加工工艺及品鉴；

　　（4）普洱茶区——云南普洱茶区；

　　（5）安茶今昔——解读小众黑茶的前世今生；

　　（6）绿茶品鉴——讲解绿茶的冲泡、品饮技巧；

　　（7）红茶品鉴——讲解红茶的冲泡、品饮技巧；

　　（8）闽北红茶——三大工夫红茶的选择与冲泡；

　　（9）高香祁红——世界著名高香红茶品鉴；

　　（10）恩施红茶——恩施茶区富硒红茶的探寻与品鉴；

（11）古树晒红——云南茶区大叶红茶的加工与品鉴；

（12）川红工夫——四川历史名茶的工艺与冲泡；

（13）岩骨花香——细探武夷岩茶、武夷岩茶的冲泡、品饮技巧；

（14）潮州工夫茶与凤凰单枞；

（15）蒙顶黄芽——四川历史贡茶的工艺与冲泡。

第三学期（32学时）

1. 茶器。

（1）宜茶之器——中国茶文化和茶器进化史；

（2）霍窑赏析——北方窑口辽、金、元时期古茶器赏析；

（3）明清茶器——元、明、清茶器文化及发展；

（4）当代茶器——茶器的流行趋势和选择要领。

2. 贡茶。

（1）北苑贡茶——贡茶的发展之路；

（2）福建贡茶——福建特殊茶品种今昔。

3. 介绍几种茶的品鉴。

（1）蒙顶石花——四川特殊茗茶品鉴；

（2）永春之香——福建传统茗茶产地；

（3）新老班章——云南版纳茶区名山古寨普洱茶探寻；

（4）冰岛昔归——云南临沧茶区名山寨普洱茶探寻。

4. 重走214——四川、云南省境内茶马古道茶研学旅途探索。

第四学期（32学时）

1. 禅茶。

（1）禅茶一味——以茶载道、以茶传道；

（2）茶道与美学——禅茶人生与美学思想；

（3）禅茶秘味——四川省各地寺庙禅茶种植与加工今昔。

2. 茶与养生：四季饮茶选择、茶与养生。

3. 茶道、香道、花道。

（1）茶道与香道——茶道中的沉香之美；

（2）茶道与花道——禅花与茶。

4. 名人雅士与茶及日本和韩国的茶道茶礼。

（1）陆羽，著《茶经》变"茶圣"；

（2）皎然，"茶道"开创者——皎然的诗意人生和茶道贡献；

（3）雅士皆嗜茶——雅士十二居士嗜茶的故事；

（4）帝王玩家也论茶——皇家茶制；

（5）七碗茶诗与一字茶僧——卢仝的七碗茶；

（6）茶入东瀛与茶祖荣西——弘仁茶风；

（7）日本茶道精神：和敬清寂——日本的茶道精神；

（8）韩国的茶礼精神：和敬俭真——五行茶礼；

（9）茶与生活——琴、棋、书、画、诗、酒、茶。

注：任课教师会依据教学进度对每学期授课内容进行调整。

五、 课程考核评价

本课程以学员日常上课即时互动反馈情况等过程性评价方式为主，学期结束时采用课堂讨论、座谈等形式，分享学习感悟，帮助学员做学习小结。合格后由学校统一发放结业证书。

六、 教材与参考资料

1. 《中国茶道大全集》，《收藏经典版》编委会主编，湖南美术出版社，2011 年版。

2. 《观亭说茶：鉴茶泡茶茶艺》，于观亭、丁慧著，山西科学技术出版社，2014 年版。

3. 《中国茶经》，陈宗懋、杨亚军主编，上海文化出版社，2011 年修订版。

4. 任课教师自编讲义。

中国插花艺术

一、课程信息

（一） 课程简介

中国传统插花艺术经过数千年的发展，成为一门融合美学、植物学、绘画、书法、雕塑、室内装饰等多学科的综合性艺术，形成了独树一帜而又繁密精湛的艺术体系，是一项高雅的文化艺术活动。本课程融知识性、艺术性、观赏性及民族性于一体，通过教授中国传统插花艺术理论知识，展示以切花花材为主要素材进行艺术构思和适当剪裁摆插来表现其活力的造型艺术之美，提升拓展老年学员的审美情趣、传统文化视野和人文素养。

（二） 学制与学时

学制 2 年，4 个学期，每学期 16 周，每周 1 次课，每课 2 学时，共 128 课时。

（三） 课程对象

热爱生活、有一定文化品位、对插花艺术感兴趣的离退休人员。

二、教学目的

通过本课程的学习，学员能够学习了解插花的发展史、花文化、插花的基本知识等，能够识别常见的花材、叶材、花器类型和一般的传统插花制作工艺，熟知送花礼仪以及花材保鲜技术，有较为丰富扎实的传统插花知识基础。系统学习插花的基本造型、构图原则、线条应用、色彩美学等理论知识，能根据节气主题、空间属性、使用对象等不同要求，创作相应的中国传统插花作品，掌握一定的创作能力。能有条理地评判各种中国传统插花作品，具有一定的传统插花作品鉴赏能力。

三、教学原则与方法

根据老年学员的身心特点，遵循理论与实践相结合、理论与应用相结合的原则，融合理论讲解、课堂实践、户外探索和第二课堂等多种教学形式。在理论授课过程中，加入视频观摩、教师演示等案例式教学方法，对在基本技法、艺术表现、色彩运用、东西方式插花、现代插花、花篮制作、花束制作等内容的讲解上，边示范边讲解，使学员在教师的实操展示过程中真正掌握相关知识要点。加大实践教学比重，在插花制作教学环节，由教师选定制作主题、学员准备制作素材并进行作品插制，最后由教师进行作品评价和修改，实现"教、学、做"三个环节的有机融合，激发学员的学习兴趣，有效地提高现场教学效果。在保证安全的情况下，组织学员参与户外实践，去切身认识和了解大自然中的木本、草本和藤蔓植物，感受和积累各种植物美的语言和涵义，积累创作灵感，在潜移默化中完成从"知晓"表象到"体验"内涵的审美翻译过程，理解和深入体会中国传统文化的底蕴和魅力。

四、教学内容

第一学期（32 学时）

1. 插花艺术风格解析——什么是插花/插花艺术风格分类；
2. 色彩应用——中国插花中的色彩搭配原则；
3. 大自然中的花草树木朋友；
4. 如何让鲜切花美得更久；
5. 秋冬季节的中国插花；
6. 中国插花容器及固定；
7. 中国插花中的容器演变；
8. 春季中国插花；
9. 中国兰插花专题研究；
10. 中国插花创作原理；
11. 牡丹与芍药；
12. 佛道供花形式探究（一）；
13. 岁朝清供。

第二学期（32 学时）

1. 佛道供花形式探究（二）；
2. 文人插花的意与韵；
3. 立体透视节奏；
4. 材料搭配；
5. 五行五色；
6. 写景、十全；
7. 夏季中国插花；

8. 端午插花文化；

9. 荷花；

10. 两仪；

11. 三主枝。

第三学期（32 学时）

1. 中国插花之美；

2. 月季；

3. 中秋节；

4. 24 节气-1；

5. 24 节气-2；

6. 中国插花历史（唐宋）；

7. 对称（装饰性中国插花）；

8. 中国插花历史（明清）；

9. 金润《瓶花谱》。

第四学期（32 学时）

1. 疏影横斜——梅花；

2. 房前屋后野草闲花；

3. 花瓶详解——梅瓶、琮瓶；

4. 研读经典——《浮生六记》《瓶花三法》；

5. 中国风花束历史与演变；

6. 花瓶详解——玉壶春瓶、花觚、贯耳瓶；

7. 宋画与中国插花；

8. 研读经典——《瓶史月表》《闲情偶寄》；

9. 生活与花；

10. 君子之爱——竹子。

注：任课教师会依据教学进度对每学期授课内容进行调整。

五、 课程考核评价

本课程以学员日常上课即时互动反馈情况等过程性评价方式为主，学期结束时采用课堂讨论、座谈等形式，分享学习感悟，帮助学员做学习小结。合格后由学校统一发放结业证书。

六、 教材与参考资料

1.《中国插花艺术》，蔡仲娟编著，化学工业出版社，2020 年版。

2.《瓶史·瓶花谱·瓶花三说》,〔明〕袁宏道、〔明〕张谦德、〔明〕高濂撰,北京时代华文书局,2020 年版。

3.《花九锡·花九品·花中三十客》,〔唐〕罗虬、〔五代〕张翊、〔宋〕姚宏等编著,付振华、程杰译注,湖北科学技术出版社,2022 年版。

4.《中国古典节序插花》,黄永川著,西泠印社出版社,2019 年版。

5.《中国插花史研究》,黄永川著,西泠印社出版社,2012 年版。

6.《瓶史·瓶花谱解析》,黄永川著,西泠印社出版社,2020 年版。

7.《中国传统插花名著名品赏析》,王莲英、秦魁杰主编,中国林业出版社,2016 年版。

8.《中国传统插花艺术》,王莲英、秦魁杰主编,化学工业出版社,2019 年版。

9. 任课教师自编讲义。

中 国 香 养 文 化

一、 课程信息

（一） 课程简介

    人类好香是天性使然，在世界各文明圈中都可见香的存在。养生有万物，香料最独特。传统香道文化与中医药学相互交融，将香纳入了医用养生的范畴，在其发展过程中，通过以香料入药、沐浴、熏烧、祭祀、品鉴等方式，实现了香药疗疾以养身、日常熏香以养心、宗教行香以养神等目的，进而形成了包括香书、香诗、香具、香品等内容丰富的中国香养文化。本课程把传统文化的精华与时代需求相结合，通过讲授以香养生的历史和应用实践，使学员在弥漫的芳香中，体验香文化的独特魅力，真正领悟出"以香养德、养性为本"的养生形式对获得身心健康的重要性，从而升华人生品位，领悟生命的价值。

（二） 学制与学时

    学制 1 年，2 个学期，每学期 16 周，每周 1 次课，每课 2 学时，共 64 学时。

（三） 课程对象

    喜爱并有志于传播香养文化的离退休人员。

二、 教学目的

    通过本课程的学习，学员能够熟悉了解中国香养文化的发展历史、学习辨识各类香材、香器、香具，了解以香入药、以香祭祀、以香薰衣、以香待客、以香设案、以香建筑、以香传道等应用实践的途径和场合，了解并掌握手工制作简单香品的方法，帮助形成淡泊常乐、自然和谐的生命状态，传承博大精深的香养文化，弘扬民族文化遗产。

三、 教学原则与方法

    根据老年学员的身心特点，坚持循序渐进、因材施教、举一反三的原则，运用讲授法、展示讲解法、实操法等方法进行教学。带领学员学习中国香养文化的历史脉络和文学表现，了解中国传统香养文化的艺术价值和养生意义；引领学员熟知各类香材、香器、香具等物质载体的区别和功效，在用香、品香的过程中，体会芳香养鼻、颐养身心、祛秽养生的功效，增强学员对香养的感性认识；传授简单的手工制香技艺，学员在亲自动手制香的过程中愉悦身心、修身养性。

四、教学内容

第一学期（32 学时）

1. 开启香养之旅：香为何物？香的分类，传统制香的核心理念，手工制作香品介绍；

2. 传统纯正天然香：传统香材介绍，传统炮制方法，传统合香理念，传统香与治未病，手工制作香品；

3. 祭祀礼德起天香：先秦香史（上），先秦香具赏析（上），诗歌咏香，香气养身心，手工制作香品；

4. 博山炉暖和香贵：秦汉香史（下），秦汉香具赏析（下），古为今用创新香方，手工制作香品；

5. 盛世流芳香不竟：隋唐香史，与香相关的唐诗，唐代香具赏析，手工制作香品；

6. 书斋市井香十德：宋元香史，宋元时代香的特点，宋元香器赏析，图解宋元制香，手工制作香品；

7. 香满红楼好读书：明清香史，图解明清制香，明清香具赏析，手工制作香品；

8. 春季用香与养生：自然运行的规律，季节、时辰与养生，春季养生与用香，手工制作香品；

9. 夏季用香与养生：长夏养生，夏季养生与用香，手工制作香品；

10. 秋季用香与养生：秋季养生与用香，手工制作香品；

11. 冬季用香与养生：冬季养生与用香，防疫正当时，手工制作香品；

12. 五脏与自然香气：何为自然香气，五脏与五气，香之正气，手工制作香品。

第二学期（32 学时）

1. 古为今用中国香：中国香文化，为何习香，香的分类，如何选香，手作项目；

2. 大俗大雅话宋香：宋朝历史背景下香文化的巅峰；

3. 宋代文人香：鼻观参透平生事（苏轼）；

4. 宋代文人香：焚香一炷湛空明（黄庭坚）；

5. 宋代文人香：红袖添香锦上花（李清照）；

6. 宋代文人香：盛世繁华传香韵（北宋文人们）；

7. 宋代文人香：文化引导话香盛（北宋香学著作）；

8. 宋代文人香：文化引导话香盛（南宋香学著作）；

9. 宋代文人香：气节拂袖觅香踪（南宋文人们）；

10. 宫廷用香：宫廷香风汉官仪；

11. 宫廷用香：乱世浮屠道香行；

12. 宫廷用香：香之奢华始隋宫；

13. 宫廷用香：香云缭绕露华浓；

14. 宫廷用香：南唐后主帐中香（李煜）；

15. 宫廷用香：千里江山研香事（宋徽宗赵佶）；

16. 宫廷用香：宋风遗韵元明清。

注：任课教师会依据教学进度对每学期授课内容进行调整。

五、 课程考核评价

本课程以学员日常上课即时互动反馈情况等过程性评价方式为主，学期结束时采用课堂讨论、座谈等形式，分享学习感悟，帮助学员做学习小结。合格后由学校统一发放结业证书。

六、 教材与参考资料

1. 《汉魏古注十三经（上下）》，中华书局编辑部编，中华书局出版社，1998 年版。
2. 《香典》，〔明〕周嘉胄、〔宋〕洪刍、〔宋〕陈敬撰，重庆出版社，2003 年版。
3. 《香谱》，〔宋〕洪刍著，重庆出版社，2003 年版。
4. 《陈氏香谱》，〔宋〕陈敬著，重庆出版社，2003 年版。
5. 《寻访莞香》，刘建中著，大众文艺出版社，2009 年版。
6. 《中国香学》，贾天明著，中华书局出版社，2015 年版。

古典音乐欣赏

一、 课程信息

（一） 课程简介

西方古典音乐是人类历史文明发展中的一个璀璨艺术文明，它以丰富多样的艺术表现形式（歌剧、交响曲、奏鸣曲、器乐独奏曲以及艺术歌曲等），灵活、立体、直接地传达出或细腻或宏大，或忧郁或辉煌的音乐内涵，具有编曲逻辑缜密、曲式结构合理及演出环境要求高等特点，其作为专业课程具备完善的音乐、美学理论体系。本课程的设立旨在帮助老年学员通过听赏古典音乐作品的方式，了解并感受西方古典音乐特有的音色美感，从音乐中得到感悟和慰藉，开阔视野、提高欣赏层次，提升古典音乐爱好者自身的音乐审美情趣。

（二） 学制与学时

学制 2 年，4 学期，每学期 16 周，每周授课 1 次，每课 2 学时，共 128 学时。

（三） 课程对象

爱好西方古典音乐的离退休人员。

二、 教学目的

通过本课程的学习，学员能够发现和欣赏西方古典音乐的意境之美、灵魂之美以及永恒之美等，科学、有效地提升自身的音乐审美水平和古典音乐理解能力；鼓励学员用心聆听、结合无限的想象、审美和自身丰富的人生经历再创造，感受音符背后的美丽心灵、思想情感，提升自身艺术造诣；帮助消除孤独感、缓解生活中的情绪压力，达到愉悦放松身心、修身养性、延年益寿的目的。

三、 教学原则与方法

根据老年学员的身心特点，坚持循序渐进的原则，合理安排教学，有效传授教学内容。注重教授音乐语言的构成和基本的音乐结构分析方法，通过多次伴随拆分的聆听讲解，逐渐培养学员把握古典音乐创作规律的能力，让学员听懂古典音乐，引发共鸣；采用通俗化方式，以丰富的音乐内涵作为核心内容，通过将作品背景、作曲家轶事、人格魅力、艺术成就等作为教学辅助材料的方式，引导学员深入感受，鼓励主动参与其中；在每欣赏一部作品之前，提出引发思考和具有启发性的问题，增强学员的学习参与感，在课堂上通过开展讨论、辩论、抢答、分组等方式，让学员随时处于学习思考状态，消除怠倦感；注意营造古典音乐相应的场景，通过愉悦、宽松、积极意境的营造，加之以理性思维引导，将学员的注意力集中到对音乐的聆听中来；鼓励学员有自己的见解和感受，不要求千篇一律，通过课堂互动交流，鼓励其抒发自己对音乐的感悟，激发想象力与创造力。

四、教学内容

第一学期（32 学时）

1. 巴洛克乐派音乐赏析（帕赫贝尔《卡农》，巴赫《G 弦上的咏叹调》，亨德尔《哈利路亚》，亨德尔《皇家焰火》，维瓦尔第小提琴协奏曲《四季·春夏》）；

2. 古典乐派莫扎特（歌剧《费加罗的婚礼序曲》，歌剧《费加罗的婚礼》，费加罗的咏叹调《再不去做情郎》《莫扎特第 40 交响曲》第一乐章：极快的快板，《莫扎特第三小提琴协奏曲》）；

3. 走进贝多芬的交响乐世界［贝多芬《第五交响曲（命运）》第一乐章：命运在敲门，贝多芬《第九交响曲》第四乐章：欢乐颂］；

4. 浪漫乐派巨匠瓦格纳和浪漫乐派鬼才柏辽兹（瓦格纳歌剧《汤豪瑟序曲》，瓦格纳歌剧《罗恩格林》第三幕：前奏曲，柏辽兹《幻想交响曲》第四乐章：赴刑场，第五乐章：妖魔夜宴，柏辽兹《拉科齐进行曲》）；

5. 委内瑞拉的"古典音乐救助体系"（比才《卡门序曲》，比才歌剧《卡门》第三幕间奏曲：牧歌，穆索尔斯基《基辅大门》，老约翰·施特劳斯《拉德斯基进行曲》，南美乐曲《曼波》）；

6. 聆听意大利歌剧咏叹调（罗西尼歌剧《威廉·退尔序曲》，罗西尼歌剧《塞维利亚理发师——大忙人》，普契尼歌剧《托斯卡》《今夜星光灿烂》《负心人》，卡普阿《我的太阳》，普契尼歌剧《图兰朵》《今夜无人入睡》，威尔第歌剧《茶花女》《饮酒歌》）；

7. 柴可夫斯基芭蕾舞音乐（芭蕾舞剧《天鹅湖》第二幕：《场景音乐》《四只小天鹅》《西班牙舞曲》《天鹅湖终曲》，芭蕾舞剧《胡桃夹子》双人舞，芭蕾舞剧《睡美人》圆舞曲）；

8. 维也纳新年音乐会（约翰·施特劳斯《祝你健康进行曲》《小嘴不停波尔卡》《踢踏波尔卡》，老约翰·施特劳斯《拉德斯基进行曲》，约翰·施特劳斯《闲聊波尔卡》《雷鸣闪电波尔卡》《奥菲欧四对舞》，约瑟夫·施特劳斯《运动会波尔卡》）。

第二学期（32 学时）

1. 俄罗斯音乐之魂——柴可夫斯基交响乐作品［柴可夫斯基《第四交响曲》第四乐章：到人民中去，柴可夫斯基《第五交响曲》第四乐章选段，柴可夫斯基《第六交响曲》（悲怆）］；

2. 走进捷克——民族乐派代表作品［斯美塔那《沃尔塔瓦河》，德沃夏克《幽默曲》，德沃夏克《斯拉夫舞曲第七号》，德沃夏克《第九交响曲》（自新大陆）第二乐章：念故乡、第四乐章：辉煌的快板］；

3. 20 世纪近代乐派巨匠肖斯塔科维奇［肖斯塔科维奇《节日序曲》《第二圆舞曲》，肖斯塔科维奇《第五交响曲》（革命），肖斯塔科维奇《第七交响曲》（列宁格勒）选段］；

4. 安德烈·瑞欧乐团世界名曲音乐会（哈恰图良《马刀舞曲》，普契尼歌剧《贾尼斯基基》选曲《我亲爱的爸爸》，普契尼歌剧《蝴蝶夫人》选曲《晴朗的一天》，马奎纳《西班牙斗牛士进行曲》，男生三重唱《美丽的西丽托》，乌尔里希·罗依弗《高地大教堂》，苏格兰风笛经典乐曲，略伊德·蒂姆《阿根廷别为我哭泣》，女生合唱《修女也疯狂》美国同名电影主题曲《我将追随他》，詹姆斯·拉斯特《孤独的牧羊人》，排萧十大名曲，男生五重唱《水手的爱恋》）；

5. 俄罗斯亚历山大红旗歌舞团《巴黎音乐会》（合唱《神圣的战争》，合唱《原野》，合唱《卡林卡》，合唱《出发》，男中音独唱《黑眼睛》，舞蹈《水兵舞》，返场曲《卡秋莎》《莫斯科郊外的晚上》）；

6. 柴可夫斯基作品精选（柴可夫斯基《如歌的行板》，柴可夫斯基《D 大调小提琴协奏曲》第三乐章：火热的快板，柴可夫斯基《意大利随想曲》《1812 庆典序曲》）；

7. 小提琴与钢琴协奏曲音乐会（马斯纳歌剧《黛依丝》间奏曲《沉思》，贝多芬《D 大调小提琴协奏曲》第三乐章：快板，柴可夫斯基《第一钢琴协奏曲》第一乐章、第三乐章，贝多芬《第五钢琴协奏曲》第三乐章：快板）；

8. 不朽的旋律、永恒的经典（马勒《第一交响曲》第四乐章：从地狱到天堂，苏佩《轻骑兵序曲》，柏辽兹《拉科齐进行曲》《比才·阿莱城的姑娘》，马士卡尼歌剧《乡村骑士间奏曲》）。

第三学期（32 学时）

1. 维瓦尔第小提琴协奏曲《四季》；

2. 乐器之王钢琴作品专题；

3. 柏林夏季森林音乐会；

4. 歌剧序曲；

5. 俄罗斯风情专题；

6. 女指挥家西本智实专题；

7. 奥斯卡金奖电影音乐；

8. 走进歌剧世界。

第四学期（32 学时）

1. 安德烈·瑞欧乐团音乐会；
2. 法兰西音乐作品；
3. 返场曲音乐会；
4. 圆舞曲—进行曲—波尔卡舞曲；
5. 走进瓦格纳的音乐世界；
6. 交响乐盛宴；
7. 歌唱家帕瓦罗蒂专题；
8. 80 后指挥家杜达梅尔专题。

注：任课教师会依据教学进度对每学期授课内容进行调整。

五、 课程考核评价

本课程以学员日常上课即时互动反馈情况等过程性评价方式为主，学期结束时采用课堂讨论、座谈等形式，分享学习感悟，帮助学员做学习小结。合格后由学校统一发放结业证书。

六、 教材与参考资料

1. 《音乐欣赏十五讲》，肖复兴著，北京大学出版社，2003 年版。
2. 《西方美学史纲》，邓晓芒著，武汉大学出版社，2008 年版。
3. 《美学散步》，宗白华著，上海人民出版社，1981 年版。
4. 《西方音乐史与名作赏析》，黄晓和著，人民音乐出版社，2013 年版。
5. 《西方音乐史与名作赏析》，冯志平主编，人民音乐出版社，2006 年版。

《易经》通读通解

一、 课程信息

（一） 课程简介

《易经》被誉为"群经之首，大道之源"，是中华文明的源头活水，是中国传统文化的精髓。从《易经》问世至"两汉"经学盛行，第一次"易学文化"高潮的出现距今已逾2000年。自21世纪伊始，以"天地人和"为中心的中国传统文化重新崛起，在"国学热"中解读《易经》成为当代文化时尚，既有助于提高文化素养，又有益于探讨生命的价值意义，得到许多具有相应文化基础的老年学员的青睐。本课程着重阐述"易道阴阳"的哲学意义，普及传统文化知识，弘扬民族文化精神。

（二） 学制与学时

学制3年，6学期，每学期16周，每周授课1次，每课2学时，共192课时。

（三） 课程对象

具有一定的文化程度、身体健康、热爱中国传统文化的离退休人员。

二、 教学目的

通过本课程的学习，学员能够在学习《易经》知识的同时，提高自身文化素质和修养，规范自身各类社会行为，获得更多的人生智慧和启发。

三、 教学原则与方法

根据老年学员的身心特点，遵循深入浅出、循序渐进、理论联系实际的原则，运用讲授法、讨论法、案例分析法等方法进行教学。注重解读《易经》中的宇宙观，使学员从宏观上认识中国历史上关于宇宙观的演变进程，为深入学习《易经》课程奠定坚实的理论基础；强化对《易经》的卦辞和爻辞等体例和结构的教学，开辟学员深入学习《易经》的路径；逐句解读经典，着重讲解《易经》独特的思维方式和哲学思想，引导学员尽快地进入《易经》"象思"的思维境界，联系实际深切地体味其哲理内涵，学会用《易经》的思维方式来学习和思考。

四、 教学内容

第一学期（32 学时）

    1. 中华文化的总根；

    2. 河图洛书；

    3. 天干和地支；

    4. 易学发展简史；

    5. 四时旺衰；

    6.《易经》各大流派及其主要特征；

    7. 五步看《易经》64 卦；

    8. 如何更快、更准、更稳地记住 64 卦。

第二学期（32 学时）

    1. 易学历代名人（上）；

    2. 易学历代名人（中）；

    3. 易学历代名人（下）；

    4. 通行的《易经》起卦方法；

    5. 梅花易的常规起卦方法；

    6. 梅花易的体用断卦；

    7.《易经》的价值体系初探；

    8.《易经》的基本概念和架构。

第三学期（32 学时）

    1. 如何学好《易经》的一点心得；

    2. 梅花易分类断卦要点（上）；

    3. 梅花易分类断卦要点（下）；

    4. 阴阳哲学的象征意义和现实意义；

    5. 简说易学研究中的"两派十宗"。

第四学期（32 学时）

    1.《易经》中的"经"与"传"；

    2.《易经》的核心要素——"理、象、数、占"；

3. 序卦传（上经 30 卦）；

4. 序卦传（下经 34 卦）；

5. 说卦传；

6. 《易经》的基本概念复盘；

7. 杂卦传和大象解。

第五学期（32 学时）

1. 系辞（上）；

2. 系辞（下）；

3. 乾卦（上）；

4. 乾卦（下）；

5. 《易经》的本质和运用之道。

第六学期（32 学时）

1. 认识坤卦；

2. 认识屯卦；

3. 认识蒙卦；

4. 认识需卦；

5. 认识讼卦；

6. 认识师卦。

注：任课教师会依据教学进度对每学期授课内容进行调整。

五、 课程考核评价

本课程以学员日常上课即时互动反馈情况等过程性评价方式为主，学期结束时采用课堂讨论、座谈等形式，分享学习感悟，帮助学员做学习小结。合格后由学校统一发放结业证书。

六、 教材与参考资料

1. 《周易卜占故事》，〔清〕尚秉和编撰，中央编译出版社，2011 年版。

2. 《易经入门》，傅佩荣著，湖南文艺出版社，2011 年版。

3. 《周易》，郭彧译注，中华书局，2006 年版。

4. 任课教师自编讲义。

智 能 手 机

一、 课程信息

（一） 课程简介

　　智能手机的出现改变了人们的思维方式与日常生活，是手机发展历程中一个非常重要的里程碑。与传统功能的手机相比，智能手机不仅可以实现通信功能，还可以满足用户随时随地上网的需求，发挥更多智能化的作用，已经成为人们日常生活不可缺少的一部分。本课程汇集了智能手机的基本概念理论和实践技能操作，旨在让身处信息化时代的老年学员掌握智能手机的使用和应用，体验科技带来的便利。

（二） 学制与学时

　　学制1年，2个学期，每学期16周，每周1次课，每课2学时，共64学时。

（三） 课程对象

　　具有一定文化基础、对电子产品感兴趣的离退休人员。

二、 教学目的

　　通过本课程的学习，学员能够基本了解智能手机的常用功能，基本掌握智能手机的系统设置和文件管理方法，了解智能手机的程序开发、远程控制等高级功能。通过大量的实例练习，提高学员的实际操作能力。

三、 教学原则与方法

　　根据老年学员的身心特点，遵循理论联系实际的原则，循序渐进、因材施教、熟能生巧。在教学中，以实例演示为先导，注重操作能力的培养；以班级授课为教学组织形式，以小组为讨论形式，以2～3人为互助形式，通过课堂练习，帮助学员迅速熟悉软件的界面和基本功能；通过实例比较分析，提高学员的操作技巧。课堂内与课堂外相结合，理论与实践相结合。

四、 教学内容

第一学期（32 学时）

1. 认识智能手机，了解智能手机的发展史；
2. 智能手机的基本操作以及基本设置；
3. 智能手机的维护与安全；
4. 微信、腾讯 QQ 等通信软件的使用及注意事项。

第二学期（32 学时）

1. 手机淘宝、京东等购物软件的使用；
2. 百度地图、滴滴出行、去哪儿旅游等出行软件的使用；
3. 如何使用手机预约挂号；
4. 手机相机与天天 P 图、美篇等制图软件的使用。

注：任课教师会依据教学进度对每学期授课内容进行调整。

五、 课程考核评价

本课程以学员日常上课即时互动反馈情况等过程性评价方式为主，学期结束时采用课堂讨论、座谈等形式，分享学习感悟，帮助学员做学习小结。合格后由学校统一发放结业证书。

六、 教材与参考资料

《零基础玩转智能手机》，邵建华、吴敏编著，文汇出版社，2021 年版。

营养

保健类

中 医 养 生

一、 课程信息

(一) **课程简介**

中医养生学是中华民族优秀传统文化的重要组成部分，它是在尊重生命规律、符合社会伦理规范的前提下，遵循中医理论指导，倡导正确的养生理念和健康的生活行为方式，通过具体的途径和方法，达到培植禀赋、保养身体、增强体质、预防疾病、促进康复、延缓衰老和延年益寿的目的。随着时代的发展，医学模式和健康观念不断转变，现代老年人对防病健身、养生保健越来越重视，绿色的、传统的、回归自然的养生保健方法受到广泛推崇，中医养生课程符合老年学员的需求，对于增强保健意识、促进身心健康、传承传统医学有着重要意义。

(二) **学制与学时**

学制 2 年，4 个学期，每学期 16 周，每周 1 次课，每课 2 学时，共 128 学时。

(三) **课程对象**

具有一定文化知识、热衷养生保健的离退休人员。

二、 教学目的

通过本课程的学习，学员能够系统掌握中医养生保健的基础知识以及常用的中医养生方法和按摩、药疗的操作方法，能够较熟练地运用辩证唯物主义的观点来认识脏象的功能及气血津液等物质、疾病机体的内外因素、发展规律、整体或局部的病理变化及其演变趋势和疾病的防治机理等，能够运用所学知识评估自身健康状况，进行自我保健，达到提高生活和生命质量、健康长寿的目的。

三、 教学原则与方法

根据老年学员的身心特点，遵循循序渐进、深入浅出、学用结合的教学原则，以课堂讲授为主，充分利用板书、多媒体课件等多种方法进行教学，使学员系统掌握中医基本理论、诊断、预防和治疗等内容。注重理论联系实际，密切结合生活所需，解决学员普遍关心的实际问题。注重科学性与趣味性相结合，介绍生活化的养生知识和客观案例，让学员在轻松愉快的氛围中学有所获。注重对实践环节的指导，对实操部分进行现场教学，传授简便易于掌握的调理方法。注重交流研讨，通过启发引导、双向互动，达到教学相长的目的。

四、教学内容

第一学期（32 学时）

1. 中医学的发展、四大经典、中医的整体观和辨证论治，治未病理论概述；
2. 经络的概念、特点和功能介绍；
3. 十二经脉的循行介绍和实操；
4. 十二原穴的定义、特点、分布、作用介绍和实操。

第二学期（32 学时）

1. 背俞穴的概念、定位、作用，五脏病的调理保健；
2. 募穴的概念、定位、作用，六腑病的调理保健；
3. 手三阴经、手三阳经介绍和实操；
4. 奇经八脉：任督二脉，带脉的作用。

第三学期（32 学时）

1. 中医基础理论回顾：脏腑、经络、阴阳、五行；
2. 中医的辨证：八纲辨证（重点：运用舌象分析阴阳、虚实）；
3. 中医的诊断：中医的四诊（重点：舌诊）；
4. 风寒、风热及其他类型感冒的区分、诊断、施治；
5. 老年养生保健方法：家庭自主按摩保健、艾灸保健、点穴保健、药物保健、刮痧保健、拔罐保健、耳穴保健。

第四学期（32 学时）

1. 头痛的分类（内脏头痛、颈型头痛、其他头痛）及相应经络的穴位调理（按摩部位及手法）；
2. 常见颈椎病（落枕）的调理：诊断及调理手法；
3. 肩周炎的刮痧调理；
4. 胸椎的按摩调理；
5. 腰三横突综合征的诊断及恢复手法；

6.腰痛、腰骶痛、腰椎间盘突出的诊断和调理；

7.膝盖上下楼痛的原理及调理手法。

注：任课教师会依据教学进度对每学期授课内容进行调整。

五、 课程考核评价

本课程以学员日常上课即时互动反馈情况等过程性评价方式为主，学期结束时采用课堂讨论、座谈等形式，分享学习感悟，帮助学员做学习小结。合格后由学校统一发放结业证书。

六、 教材与参考资料

1.《老年养生》，奚中和著，江苏教育出版社，2011年版。

2.任课教师自编讲义。

太　极　拳

一、课程信息

（一）课程简介

太极拳是世界级非物质文化遗产、中华民族宝贵的文化遗产，具有悠久的历史。太极拳运动已经遍及全国，成为老年人强身壮体、养生保健的体育健身项目。太极拳可以培养老年学员对太极拳的鉴赏能力和演练能力，形成自觉运用太极拳锻炼身体的习惯，从而提高身体的协调性和灵活性，改善心肺功能，增强筋骨力量，全面提高身体素质。

（二）学制与学时

学制 1 年，2 个学期，每学期 16 周，每周 1 次课，每课 2 学时，共 64 学时。

（三）课程对象

身体健康、爱好太极拳的离退休人员。

二、教学目的

通过本课程的学习，学员能够掌握太极拳的基本功法、动作要领和各类太极特点，能够独立完成整套演练，力求做到动作规范、方位清楚、习练深入，同时加强学员对中国传统文化的了解，建立良好的健身习惯，促进身心健康。

三、教学原则与方法

根据老年学员的身心特点，坚持循序渐进、启发引导、因人施教、以人为本的原则，运用理论讲授法、动作演示法、套路分解法和精准练习法等方法开展教学。注重从简单到完整，从言传到身教，教师边讲授边演示，多方位示范，使授课深入浅出，增强学习主动性、积极性。注重课堂教学与课外练习相结合，让学员在课外练习中巩固学习内容，延伸课堂教学效果，坚持学练结合，提高学员的学习自觉性，做到循环复习，不断巩固提高，以更好地达到健身和表演的双重目的。

四、教学内容

第一学期（32 学时）

1. 太极拳简介，学习基本功（马步、四正手）及原理，掌握外三合的要领；
2. 学习第一式八极起势、第二式作揖下蹲，了解八极拳的要领；
3. 学习第三式金丝缠腕拉弓式、第四式跟提步，掌握开胸式肩背拉弓，了解开肩松肩法；
4. 学习第五式两仪顶、第六式白鹤亮翅，掌握马步桩、内合沉桩，了解呼吸与身法的配合；
5. 学习第七式云手、第八式倒卷弘，掌握虚步转化、腿法中的顾盼退，了解内三合的要领；
6. 学习第九式八卦掌、第十式掩手肱捶，掌握八卦掌手型、步伐、回身法，了解基本功跟步发力；
7. 学习第十一式揽雀尾、第十二式开合手，掌握棚捋挤按四正手，了解引进落空的转胯；
8. 学习第十三式形意专拳、第十四式推掌，掌握寸劲爆发力，了解形意拳、小架发力；
9. 学习第十五式马步靠、第十六式开裂式，掌握八法中的踩、列、靠，了解马步的要领；
10. 学习第十七式松鹤迎风、第十八式六封似闭，掌握八极拳的要领；
11. 学习第十九式单鞭、第二十式通臂七拍，掌握通背拳的身法，了解拍八虚的原理；
12. 学习第二十一式白鹤亮翅、第二十二式搂膝拗步，掌握手脚的拗步配合，了解手肘的轻盈与力量；
13. 学习第二十三式金刚捣锥、第二十四式收势，掌握单脚站立平衡，了解手中贯穿的整体力量；
14. 根据学员实际情况修正动作，掌握太极步；
15. 全套复习提升动作，掌握四正手与三合；
16. 配合音乐全套演练，掌握动作与呼吸的配合。

第二学期（32 学时）

1. 学习起势、韦陀献杵（易筋经），开胸合气疏肩颈；
2. 学习喝字功（六字诀），水火既济平心气；
3. 学习三盘落地（易筋经），松腰裹臀强筋骨；

4. 学习青龙探爪（易筋经），少阳拉伸经疏肝气；

5. 学习双手攀足固肾腰（八段锦），膀胱肾经强腰力；

6. 学习排山倒海双手推（太极），掌握全身整体爆发力；

7. 学习倒卷弘（太极），掌握八面支撑力；

8. 学习雀地龙、上步七星（太极），掌握三才沉转旋；

9. 学习退步跨虎（太极），掌握松沉之力；

10. 学习鹿抵（五禽戏），拉伸肝胆通经络；

11. 学习打虎式、双峰贯耳（太极），掌握单脚平衡支撑力；

12. 学习左右开弓似射雕（八段锦），肩脊开合理心肺；

13. 学习转身当头炮（太极），十字撑力旋转劲；

14. 学习调理脾胃需单举（八段锦），上托下踏通胃气；

15. 学习收势，引气归元、精进复习；

16. 整体复习、结业演练。

五、 课程考核评价

本课程强调太极拳综合实践能力展示，学期末组织开展学习成果汇报展示活动，合格后由学校统一发放结业证书，鼓励学员参加社会公益演出和比赛。

六、 教材与参考资料

任课教师自编教材、自选音乐曲目。

大 众 健 身 舞

一、 课程信息

(一) 课程简介

大众健身舞是一项集舞蹈、体操、音乐、健身和娱乐于一体的追求人体健康与美的群众时尚运动项目。本课程是在音乐的伴奏下，通过运用各种不同类型的操化动作和基本步伐进行练习，帮助老年学员预防和辅助治疗颈椎病、肩周炎，保护膝关节，改善不良的身体姿态，可使各个部位的关节、韧带和肌肉得到充分的锻炼，更能促进心血管系统和呼吸系统的健康发展，提高老年学员的有氧代谢功能。在学练中塑造良好的姿态，在舞动中与音乐和谐统一，从而达到活动筋骨、健美形体、愉悦身心、陶冶情操的健身目的。

(二) 学制与学时

学制 2 年，4 个学期，每学期 16 周，每周 1 次课，每课 2 学时，共 128 学时。

(三) 课程对象

身体健康、热爱大众健身舞的离退休人员。

二、 教学目标

通过本课程的学习，学员能够对健身舞的原理和方法有一定的认知，对每一支作品套路有自己独特的理解。能够熟悉并掌握健身舞的基本步伐和基本手位，通过身体练习，提高机体身体素质，有效预防中老年常见疾病。通过在节奏明快动听的音乐中运动，改善心理状态、缓解精神疲劳。在练习中，逐渐发现美、欣赏美、促进美，促进身心全面发展，实现外在美与内在美的融合。

三、 教学方法

根据老年学员的身心特点，遵循循序渐进、因材施教、及时巩固、与时俱进的教学原则，采取讲解示范法、分解练习法和集体练习法等方法开展教学。注重以人为本，选取学员熟悉、喜爱的音乐，提高学员的学习兴趣；注重启发诱导，对健身舞的基本理论知识进行讲解，对基本动作和步伐进行示范，将复杂的动作和组合进行分解，让学员逐一练习，对易混淆、重难点动作进行纠错，巩固易出错动作组合，提高学习效果；注重教学互动，分组指导与个别指导相结合，结合中老年心肺功能特点，循序渐进地进行集体练习，培养团队协作精神。

四、教学内容

第一学期（32 学时）

1. 讲解健身舞的基本知识，介绍不同风格健身舞的特点；练习上肢动作，躯干动作及简单的基本步伐等，跟随音乐节奏，进行身体律动。

①上肢动作：各种手型（花掌、并掌、握拳），手臂向各方向举、屈、伸、摆动、环绕等；

②躯干动作：含胸、挺胸、上体前倾、侧后屈、左右转；

③下肢动作：一字步、踏步、V 字步、交叉步、A 字步、恰恰步等；

④肩部动作：肩部同时或依次提、沉、绕环，抖肩。

2. 芭蕾入门手位及脚位的教学，对健身舞的 8 个点位进行清晰的教学。

3. 低冲击、低强度的健身舞学习，利用不同的教学方法进行教学，学习 3 支入门成品健身舞。

4. 掌握健身舞的动作要领及重难点；理解不同肌肉群的发力方式；复习本学期所学健身舞，反复练习，进行巩固。

教学要求：通过健身舞的入门学习，掌握动作基本要领，循序渐进地进行练习，能独立在音乐中完成动作，提高学员学习积极性，提高身体协调能力，增强乐感，培养良好的精神气质，达到娱乐健身的功效，使学员快乐起舞。

第二学期（32 学时）

1. 复习第一学期健身舞成套动作，身体律动练习，恢复体力。

2. 掌握中强度、低冲击的健身舞特点及基础动作，学习健身舞成套动作。

①掌握弹动的基本要领和藏族舞风格的颤膝冈达组合；

②掌握健身舞中强度交叉步的动作要领和藏族舞风格第一、第二基本步；

③学习健身舞一字步并熟悉掌握藏族舞风格的腿踏步及翻盖手；

④掌握低冲击健身舞动作组合及藏族舞风格的五位提手及杠垂手。

3. 学习本学期 3 支健身舞成套动作，由无冲击到低冲击，由低强度到中强度。

4. 总结复习本学期健身舞，掌握动作重难点及臀腿的发力方式，对人体结构有初步的了解。

教学要求：本学期可适当增加强度，动作的流畅性及一致性为课堂重点，提高动作协调性、灵活性，改善不良身体姿态，增强关节灵活性，头脑的敏锐性。

第三学期（32 学时）

1. 身体基本姿态塑造，增强柔韧性的拉伸，强调手位与核心力量平衡的训练。

2. 掌握高强度低冲击的健身舞风格特点及基础动作，学习健身舞成套动作。

①学习高强度健身舞的呼吸形式及蒙古舞的呼吸节奏；

②掌握高强度低冲击健身舞动作组合及蒙古舞风格的基本脚位；

③学习高强度低冲击迈步后屈腿动作组合及蒙古舞风格的硬肩硬腕组合；

④掌握高强度低冲击摆腿、踢腿动作组合及蒙古舞风格的大踏步及弓箭步。

3. 本学期学习 4 支不同风格的健身舞成套动作，由中强度过渡到高强度。

4. 总结本学期健身舞的学习，重复进行训练，对人体骨骼肌的构成有完全的了解，懂得自主拉伸及疼痛缓解。

教学要求：适度加强练习强度及负荷量度，对表现力的要求进一步提高，在愉悦身心的同时，落实运动康复的基础知识，对中老年基础疾病有一定的防御作用。

第四学期（32 学时）

1. 复习上学期健身舞成套动作，恢复身体机能，刺激小肌肉群的稳定性训练。

2. 掌握高强度、高冲击的健身舞成套动作，对心肺功能达到进一步改善，提高身体素质，使每个学员姿态美、动作美、形体美、自信美。

3. 本学期学习 2 支高强度、高冲击的健身舞，注意心肺功能检测以达到最佳效果，每节课进行充分的拉伸与放松。

4. 准备毕业作品，规范动作的准确性及动作的一致性。

教学要求：本学期为最后一学期，完成预定教学任务，力求每位学员都能展现自己的学习成果，做好毕业展演工作。

注：任课教师会依据教学进度对每学期授课内容进行调整。

五、 课程考核评价

本课程强调大众健身舞综合实践能力展示，学期末组织开展学习成果汇报展示活动，合格后由学校统一发放结业证书，鼓励学员参加社会公益演出和比赛。

六、 教材与参考资料

任课教师自编教材、自选音乐曲目。

瑜　伽

一、课程信息

（一）课程简介

瑜伽源于 5000 年前古印度文明，作为古老传统的体育锻炼体系，主要由脊柱运动、伸展和自然运动组成。瑜伽要求动静结合，通过体位法、调息法、契合法、收束法和冥想法的练习，促使身体、精神和情感达到平衡。瑜伽是现在广为流行的大众运动，有助于老年学员增强身体协调能力与身体柔韧性，达到调整心态、调养生息、防治疾病、增强体能的目的。

（二）学制与学时

学制 2 年，4 个学期，每学期 16 周，每周一次课，每课 2 学时，共 128 学时。

（三）课程对象

身体健康、爱好瑜伽的离退休人员。

二、教学目的

通过本课程的学习，学员能够了解瑜伽的基本理论知识，掌握正确的身体姿态、呼吸方式和冥想放松的练习方法，能够在专业的教学指导下进行身体运动和心理练习，掌握伸、展、曲、压、扭的动作方法，调整脏腑、疏通经络、补气益血，提高身体素质，缓解精神压力，增进身心平衡。培养学员运用瑜伽进行体育锻炼的能力，提高自我保健意识，扩展兴趣爱好，提高生活质量。

三、教学原则与方法

根据老年学员的身心特点，遵循启发性、量力性和循序渐进的原则，采取讲练法、演示法和现场指导法等方法开展教学，以恢复人体机能、调整心态、身心俱练为前提，达到整体健康为目的。坚持适度锻炼,难度系数不宜过高,重点体会姿势与呼吸结合时身体所产生的变化,避免颈部和腰部过度屈曲,控制运动的幅度和强度。坚持因材施教,在教学过程中应根据学员身体状况的不同进行有针对性的辅导,让学员在稳定的体态与深长的呼吸中进行舒展、温和性的练习,领会瑜伽的真正含义。

四、 教学内容

第一学期(32 学时)

    1. 瑜伽概述及理论知识介绍;

    2. 瑜伽热身:呼吸法、盘坐、热身体式;

    3. 瑜伽基础体式练习:学员通过轻松的基础体式,熟悉和感受身体的各个部位,逐步找到身体的平衡点,训练平衡能力。

第二学期(32 学时)

    1. 舒缓伸展:纠正不良体态;

    2. 肩部疗愈:灵活肩关节,释放肩颈压力;

    3. 脊柱调理:增强脊柱功能,缓解腰背疲劳;

    4. 经络排毒与情绪:伸展释放。

第三学期(32 学时)

    1. 灵活髋关节:促进骨盆区域血液循环;

    2. 臀部塑形:收紧臀部;

    3. 稳定核心:瘦腰腹;

    4. 有觉知的自我修复:完全式休息术。

第四学期(32 学时)

    1. 瘦臂支撑:力量训练;

    2. 流动中的后弯:打开心轮;

    3. 全方位髋部练习:开髋;

    4. 内脏调理:排毒扭转;

    5. 静心阴性疗愈:冥想专注。

    注:任课教师会依据教学进度对每学期授课内容进行调整。

五、 课程考核评价

在上课期间,通过课后布置作业,课上单独练习等方式进行日常考评;学期结束后,组织学员以个人、小组或班级为单位开展学习成果汇报展示活动，合格后由学校统一发放结业证书。

六、 教材与参考资料

1.《瑜伽：气功与冥想》，柏忠言、张蕙兰著，人民体育出版社，2007 年版。

2.《艾扬格女性瑜伽》，（印）吉塔·S. 艾扬格（Geeta S. Iyengar）著，姜磊、刘蜗路译，海南出版社，2014 年版。

3. 任课教师自编讲义。